"Tami e Celine estão entre as minhas autoras favoritas de livros de culinária. Com *Petiscos e entradas veganos*, elas criaram algo realmente especial. As receitas não somente são absolutamente deliciosas, mas também muito divertidas! Se você estiver à procura de petiscos saborosos para impressionar seus convidados, este será, sem dúvida, seu livro de cabeceira: prazeroso, gostoso e inspirador."

— Jason Wyrick, chef vegano

"*Petiscos e entradas veganos* é um tesouro de receitas inovadoras para receber convidados ou para aqueles que querem apenas preparar uma comida arrojada e saborosa, servida em pequenas porções. Receitas criativas, fotos deslumbrantes e um toque sem igual fazem deste livro uma preciosidade."

— Zel Allen, autora culinária

# PETISCOS E ENTRADAS VEGANOS

## MAIS DE 100 RECEITAS IRRESISTÍVEIS DE PEQUENAS DELÍCIAS QUE TODOS VÃO ADORAR!

CELINE STEEN E TAMASIN NOYES

Quarto Editora

Publicado pela primeira vez em 2014 no Reino Unido por Quarto Publishing Plc
com o título Vegan Finger Foods



Publicado e distribuído no Brasil com exclusividade por Brasil Franchising
CNPJ 07.923.034/0001-05 • Av. Sagitário, 138 • 25° andar
Alpha Square Mall • Torre London • Alphaville • Barueri-SP • CEP 06473-073
Tel 11 3706-1466 • sac@editoranobel.com.br

1ª edição 2018

ISBN 978-0-85762-528-1

**Créditos desta edição**
Coordenação editorial: Flávia Araujo
Produção gráfica e direção de arte: Vivian Valli
Assistente de produção: Maitê Zickuhr
Tradução: Sonia Midori
Preparação: Flávia Araujo
Revisão: Sara Assis
Composição: Julio Portellada

**Créditos da edição original**
Design: Robert Lesser
Diagramação: Sporto
Fotografia: Celine Steen



Impresso na China/Printed in China

FSC www.fsc.org
MISTO
Papel proveniente de fontes responsáveis
FSC® C016973

**Para todos os que embarcaram na viagem vegana,**
**tanto aqueles que estão dando o primeiro passo,**
**como os que já estão neste caminho há algum tempo.**

# SUMÁRIO

CAPÍTULO

1

# Tenha modos: coma com as mãos

## Algumas informações preliminares antes de começar nosso festival de pequenas delícias…

Só de pensar em petiscos, um sorriso ilumina o rosto de qualquer um: isso acontece porque a maioria de nós guarda memórias felizes de festas familiares ou reuniões com amigos, quando mal podíamos esperar para mergulhar na tentadora variedade de quitutes. Provavelmente, para muitas pessoas, a história não tenha sido sempre vegana, mas este livro veio para ajudar a mudar isso!

## O irresistível apelo das pequenas delícias

Desenvolvemos receitas divertidas e descomplicadas que são uma afronta à "etiqueta social" por tornarem perfeitamente aceitável (e bastante agradável!) o uso das *mãos* como talheres ideais.

Parte do extraordinário e eterno apelo dos petiscos está em podermos encher um prato até a borda com porções e experimentar uma ampla variedade de sabores extraordinários em uma única refeição. Beliscar satisfaz nossos sentidos e, em especial, nosso paladar: pense nisso como um pequeno bufê, e também como se fossem férias deliciosas de entediantes almoços ou jantares de um prato só.

Nossas mães podem ter nos repreendido por brincar com a comida, mas hoje achamos que é perfeitamente aceitável fazer isso, mesmo depois de adultos.

## Algumas boas dicas

Queremos transformar sua experiência com petiscos em uma festa de arromba: desde planejar o menu e preparar as receitas até finalmente saborear os deliciosos resultados – todo o processo. Ninguém quer ficar preso na cozinha enquanto os convidados estão se divertindo na sala ao lado com uma comida incrível, por isso usamos ícones para indicar quais receitas podem (ou devem) ser feitas com antecedência, sejam algumas etapas que vão poupar tempo, sejam pratos inteiros preparados de antemão.

É por isso que também sugerimos que, ao preparar receitas um pouco mais demoradas, você facilite sua vida servindo-as com outras mais simples e saudáveis, como vegetais crus (cenouras, aspargos, rabanete, aipo, brócolis e outros de sua preferência), além de molhos dip, patês e salgadinhos caseiros.

### A ORIGEM DOS PETISCOS

Este tipo de comida "para comer com os dedos" — ou *finger foods* —, se popularizou nos Estados Unidos durante a Lei Seca, na década de 1920. Aqueles que queriam consumir bebidas alcoólicas, infringindo a lei vigente, passaram a se reunir em estabelecimentos ilegais. Para acompanhar as bebidas, eram servidos alimentos pequenos, que cabiam na palma da mão, permitindo que as pessoas segurassem o copo com uma mão e a comida com a outra. Mesmo com o fim da Lei Seca, em 1933, a popularidade desses petiscos sobreviveu!

Não deixe de consultar a seção "Sugestões de Menu", na p. 164. Selecionamos algumas receitas de acordo com uma variedade de temas para ajudar a quem está começando. Sabemos que os petiscos garantem uma boa festa, mas queremos facilitar para você o preparo dessas receitas, deixando-as à mão. Literalmente.

## Glossário

Listamos a seguir alguns ingredientes diferenciados que compõem muitas de nossas receitas. Eles estão cada vez mais fáceis de se encontrar nos últimos anos, de modo que um supermercado bem abastecido deve dispor da maioria. Mas, se esse não for o caso onde você mora, pesquise na internet e certamente encontrará o que procura em sites veganos ou especializados em alimentos naturais.

**Açúcar de coco:** este açúcar minimamente processado pode ser substituído pelo açúcar orgânico, mas leve em conta que a substituição produzirá um resultado ligeiramente mais doce.

**Açúcar orgânico:** trata-se de um açúcar granulado e saboroso, produzido da maneira mais natural possível. Não recomendamos substituí-lo por açúcar mascavo, porque isso pode afetar o resultado da receita.

**Berberé:** é uma mistura etíope de especiarias com sabores complexos. Pode ser encontrada em lojas especializadas em condimentos ou pela internet. Há também muitas receitas disponíveis on-line, caso prefira preparar sua própria versão caseira de "mistura de especiarias".

**Caldo de cana evaporado:** é uma alternativa ao açúcar branco granulado, livre de produtos químicos, pesticidas e testes em animais (*cruelty-free*). Se você tiver certeza que o açúcar branco em sua despensa não foi processado com carvão animal, pode usá-lo em vez do caldo de cana evaporado.

**Creme de coco:** usamos este tipo de gordura integral para obter um creme tipo chantili. Coloque o leite de coco na geladeira por pelo menos 24 horas, até decantar – o creme ficará na parte de cima, separado da parte líquida. Mas não descarte o líquido: ele poderá ser usado em sopas, para cozinhar arroz ou para substituir a água em massas de pães e, assim, deixá-los mais amanteigados.

**Farinha de trigo integral:** adoramos usar farinha de trigo integral em massas porque agrega um pouco mais de fibra e nutrição aos alimentos, mas você pode substituí-la por farinha de trigo comum na proporção de 1:1, se preferir.

**Fermento nutricional:** disponível em flocos de vários tamanhos, seu peso varia dependendo da marca ou se for adquirido a granel, que é o nosso caso. Os flocos são miúdos, quase em pó. Se você só encontrar flocos grandes, poderá triturá-los em um processador de alimentos, para obter melhores resultados.

**Fermento seco:** usamos tanto o fermento biológico seco quanto o fermento instantâneo em nossas receitas de pão. A vantagem do instantâneo é que não precisa ser testado antes do uso e pode ser adicionado aos ingredientes secos durante o preparo. Se você preferir usar fermento instantâneo em lugar do biológico, reduza a quantidade em 25%; se preferir o contrário, aumente a quantidade em 25%. Para testar o fermento biológico seco, misture-o com o líquido morno e o adoçante que a receita pedir. Deixe a mistura reservada por 5 minutos até que comece a borbulhar, um sinal de que seu fermento está bom para uso.

Observe que não recomendamos usar fermento biológico seco na receita Pão do Monstro Verde (p. 106).

**Harissa:** esta pasta de pimenta vermelha proporciona um sabor picante e intenso às receitas. Procure na seção de especiarias do supermercado e saiba que cada marca tem diferentes níveis de ardência, por isso tempere a gosto.

**Iogurte vegano:** dependendo de onde você reside, pode ser difícil encontrar iogurte vegano à venda. Você pode simplesmente substituí-lo com a mesma quantidade de uma mistura processada de tofu gelatinoso ou firme.

**Leites veganos:** o leite de amêndoas sem açúcar é o nosso favorito para uso em qualquer receita que leve leite vegano, mas você pode usar o de sua preferência – tome o cuidado de usar a versão não adoçada para preparos salgados e com sabor de baunilha (adoçada ou não) em preparos doces.

**Maionese vegana:** se uma versão menos calórica de "vegenaise" estiver disponível onde você reside, recomendamos que a use porque é tão saborosa quanto a versão integral. Você também pode usar qualquer maionese vegana de sua preferência, ou preparar um bom substituto como o apresentado no quadro "Dicas", na p. 92.

**Óleos vegetais:** são perfeitos, porque não se sobrepõem aos demais sabores. Escolha entre óleo de milho, de semente de uva, de amendoim, de cártamo, azeite de oliva e outros. Sempre que possível, opte pelos orgânicos.

**Pasta de pimenta coreana:** também conhecida como *gochujang*, é feita de arroz em pó, soja fermentada e pimentão vermelho. Esta pasta picante costuma ser encontrada em lojas de especiarias ou em sites especializados, na internet. Pode ser substituída por uma versão caseira: misture ½ colher (chá) de pimentão vermelho em pó com 1 colher (sopa) (15 ml) de caldo de legumes; ajuste o nível desejado de ardência adicionando mais de um ou do outro ingrediente.

**Tamari:** sempre que possível, prefira a versão com baixo teor de sódio, para ter melhor controle sobre os níveis de sódio em seus alimentos. Se não conseguir encontrar tamari, use shoyu light.

**Tomates secos ao sol:** você verá que sugerimos em nossas receitas tomates secos ao sol que não vêm em conserva de óleo, principalmente porque achamos que são mais saborosos e mais fáceis de manusear. Se você só tiver acesso à versão em conserva, poderá usá-la desde que enxágue bem os tomates secos e seque batendo levemente com papel-toalha antes de incluí-los na receita.

**Vinagre de ameixa umeboshi:** este vinagre é feito a partir da salmoura usada no processo de conserva das ameixas umeboshi. É um condimento líquido picante e salgado que realça o sabor de diversos pratos.

**Xarope de arroz integral:** este xarope proporciona a metade da doçura do açúcar branco. Recomendamos usá-lo especialmente em preparos que pedem um sabor mais caramelizado.

**PESAR X DOSAR**

Gostamos de usar nossas balanças de cozinha para pesar a maioria dos ingredientes: isso não só significa ter de lavar menos copos medidores, mas também garante resultados bem mais confiáveis, especialmente quando se usa ingredientes secos.

## Ícones de receita

Ao utilizar este livro, você vai encontrar receitas rotuladas da seguinte forma:

PREPARE ANTES

▸ ***Prepare antes:** receitas ou etapas que permitem ou realmente se beneficiam de um preparo antecipado.

RÁPIDO E FÁCIL

▸ ***Rápido e fácil:** receitas que levam menos de 30 minutos de preparo, desde que você tenha uma base de conhecimento culinário.

SEM GLÚTEN

▸ ***Sem glúten:** receitas livres de glúten, desde que os ingredientes utilizados sejam seguros e não tenham sido contaminados durante o processo de fabricação. Valorizamos sua saúde e bem-estar, por isso redobre a atenção verificando os rótulos e entrando em contato com as empresas fabricantes, se necessário, para ter certeza de que os ingredientes sem glúten em questão são completamente seguros para o uso.

CAPÍTULO

2

# Festival de petiscos veganos

## É muito fácil transformar praticamente qualquer vegetal em um petisco vegano livre de culpa.

Neste capítulo, os vegetais são as estrelas principais de um show de delícias em pequenas porções! Temperadas com perfeição e deliciosamente recheadas, estas receitas facilitarão muito o consumo recomendado de cinco porções diárias de legumes, e podem até se transformar em uma refeição completa.

PREPARE ANTES | RÁPIDO E FÁCIL | SEM GLÚTEN

# SALADA RASTAFÁRI

Jícama é uma raiz que gostamos de consumir crua por sua textura crocante. Aqui, ela está combinada com suculentos tomates, um cremoso abacate e os temperos certos para criar uma magnífica salada cujas cores remetem aos rastafáris da Jamaica. Sirva com chips de milho! Esta salada também fica ótima com Pimentas Jalapeñas Assadas (p. 36).

**Rende cerca de 4 xícaras (500 a 600 g) de salada**

2 xícaras (360 g) de tomates sem sementes, em cubos
½ xícara (60 g) de jícama descascada, em cubos
¼ de xícara (40 g) de cebola picada
2 colheres (sopa) (30 ml) de suco de limão fresco
1 colher (sopa) (1 g) de coentro picado, ou mais a gosto
2 a 3 dentes de alho picados
Sal e pimenta a gosto
1 abacate em cubos

Misture os tomates, a jícama, a cebola, o suco de limão, o coentro e o alho em uma tigela média. Mexa bem. Reserve por no mínimo 1 hora, em temperatura ambiente, ou por até 4 horas, para que os sabores se incorporem. Tempere com sal e pimenta. Pouco antes de servir, adicione o abacate e misture delicadamente.

**DICAS**

- Corte os tomates, a jícama e o abacate do mesmo tamanho para um melhor equilíbrio de sabores.
- Gosta de sabores picantes? Então, adicione pimenta jalapeña picada, a gosto.

RÁPIDO E FÁCIL | SEM GLÚTEN

# MARINARA FÁCIL

Rápida, fácil e versátil, esta receita é perfeita para você ter sempre em casa. Serve como molho de pizza, para acompanhar sanduíches ou calzones e para servir com nossos Grissinis (p. 108) e Enroladinhos de Espinafre (p. 111). Ninguém vai acreditar que você conseguiu fazer um molho tão saboroso em apenas 15 minutos. Como os molhos de tomate variam em consistência, adicione 1 a 2 colheres (sopa) (17 g a 33 g) de extrato de tomate para engrossar o molho, se necessário.

**Rende 1¾ xícara (415 ml)**

1 colher (chá) de azeite de oliva
½ xícara (80 g) de cebola picada
3 dentes de alho picados
1 colher (chá) de mix de ervas italianas
¼ de colher (chá) de pimenta-do-reino moída
Uma pitada de pimenta vermelha em flocos
425 g de molho de tomate
Sal marinho fino, a gosto

Aqueça o azeite e a cebola numa panela em fogo médio. Refogue até que a cebola libere seu aroma, mexendo de vez em quando, por cerca de 3 minutos. Adicione o alho, as ervas, a pimenta-do-reino e a pimenta vermelha. Mexa por 2 a 3 minutos, até que o alho libere seu aroma, mas não deixe dourar demais.

Junte o molho de tomate, tempere com sal e baixe o fogo. Cozinhe por 10 minutos, mexendo ocasionalmente. Prove e ajuste os temperos. O molho pode ser preparado com antecedência e mantido na geladeira em recipiente hermético por até 2 dias. Reaqueça em fogo brando.

PREPARE ANTES

# PATÊ DE COUVE-FLOR COM CHIPS

Gostamos de servir este patê com torradas de pão sírio, mas também fica uma delícia com chips de milho ou palitos de legumes. Sirva com uma cerveja gelada!

**Rende 4 a 6 porções**

**Para as chips:**

2 colheres (sopa) (30 ml) de azeite de oliva
1 colher (sopa) (15 ml) de molho de pimenta
½ colher (chá) de páprica defumada
¼ de colher (chá) de cebola em pó
2 pães sírios (25 cm), cortados em 8 pedaços
Sal a gosto (opcional)

**Para o patê:**

1 xícara (235 ml) de água
½ xícara (70 g) de castanhas-de-caju cruas
1 colher (sopa) (15 ml) de azeite de oliva
½ xícara (80 g) de cebola bem picada
¼ de xícara (60 g) de aipo bem picado
1 colher (chá) de páprica defumada, e mais uma pitada para decorar
1 colher (chá) de tempero para aves
½ colher (chá) de mostarda em pó
2 colheres (sopa) (30 ml) de molho de pimenta, ou mais a gosto
1 xícara (100 g) de buquês de couve-flor, sem os talos
¼ de xícara (20 g) de flocos de aveia
2 colheres (sopa) (15 g) de fermento nutricional
1 colher (sopa) (15 ml) de vinagre de umeboshi
¼ de xícara (60 g) de chucrute escorrido, bem picado
1 colher (sopa) (10 g) de cebolinha picada

**Para fazer as chips:** Preaqueça o forno a 200 °C. Junte o azeite, o molho de pimenta, a páprica e a cebola em pó em uma tigela. Adicione os pedaços de pão e misture bem. Espalhe em uma assadeira grande, formando uma única camada. Polvilhe sal, se desejar. Asse por 10 a 12 minutos, ou até ficar dourado e crocante. As chips podem ser feitas com antecedência e, depois de completamente frias, conservadas em recipiente hermético em temperatura ambiente, por até 2 dias.

**Para fazer o patê:** Em uma panela, ferva a água com as castanhas-de-caju em fogo alto. Ao levantar fervura, desligue o fogo e deixe descansar por 30 minutos.

Preaqueça o forno a 180 °C. Aqueça o azeite em uma frigideira grande em fogo médio. Refogue a cebola, o aipo, a páprica, o tempero para aves e a mostarda por 2 minutos. Adicione o molho de pimenta e a couve-flor e desligue o fogo.

Despeje as castanhas (com a água) em um liquidificador. Adicione a aveia, o fermento nutricional e o vinagre. Bata até obter uma pasta homogênea. Despeje na frigideira com os vegetais e mexa bem para misturar. Acrescente o chucrute. Coloque em uma fôrma refratária pequena.

O patê pode ser preparado com antecedência até este ponto, coberto e levado à geladeira por até 24 horas. Salpique a pitada de páprica defumada. Leve ao forno por 30 minutos; a superfície vai dourar e pode rachar um pouco. Decore com cebolinha antes de servir.

PREPARE ANTES | SEM GLÚTEN

# RATATOUILLE QUATRO ESTAÇÕES

Pensamos neste ratatouille como uma receita versátil porque funciona bem com tomates em lata e ervas desidratadas, mas fica ainda melhor se usar tomates frescos sem pele e sem sementes, cortados em cubos, e ervas frescas conforme indicado. Os legumes devem ser cortados em pedaços pequenos para facilitar ao servir. Sirva com fatias de Pão do Monstro Verde (p. 106) ou seu pão favorito.

**Rende 2 xícaras (400 g)**

1 colher (sopa) (15 ml) de azeite de oliva

¾ de xícara (120 g) de cebola picada

½ xícara (41 g) de berinjela bem picada

½ xícara (62 g) de abobrinha bem picada

½ xícara (75 g) de pimentão bem picado

3 dentes de alho picados

¾ de colher (chá) de manjericão desidratado; ou 2 colheres (chá) de manjericão fresco picado, ou a gosto

¾ de colher (chá) de tomilho desidratado; ou 2 colheres (chá) de tomilho fresco picado

½ colher (chá) de salsinha desidratada; ou 1 colher (chá) de salsinha fresca picada

½ colher (chá) de sal marinho fino

¼ de colher (chá) de alecrim desidratado; ou ½ colher (chá) de alecrim fresco picado

¼ de colher (chá) de sementes de aipo

¼ de colher (chá) de pimenta-do-reino moída

Uma pitada de pimenta vermelha em flocos

2 colheres (sopa) (30 ml) de vinho tinto seco vegano (opcional)

400 g de tomates em lata, escorridos, em cubos ou 250 g de tomates frescos sem pele e sem sementes, em cubos

2 colheres (chá) de salsinha fresca picada para polvilhar

Aqueça o azeite, a cebola, a berinjela, a abobrinha, o pimentão, o alho, o manjericão, o tomilho, a salsinha, o sal, o alecrim, as sementes de aipo, a pimenta-do-reino e a pimenta vermelha numa frigideira grande em fogo médio. Refogue, mexendo por 3 a 4 minutos, até que a cebola fique translúcida. Despeje o vinho tinto (se usar) e cozinhe até que o líquido seja absorvido, cerca de 3 minutos. Adicione os tomates e baixe o fogo. Deixe cozinhar, mexendo de vez em quando, durante 10 minutos. Polvilhe as 2 colheres (chá) de salsinha. Melhor quando servido em temperatura ambiente, mas também pode descansar por 1 hora, ou mantido na geladeira, coberto, de um dia para o outro para que os sabores se incorporem.

Sirva o ratatouille em temperatura ambiente. Prove e ajuste os temperos antes de servir.

PREPARE ANTES | SEM GLÚTEN

# HOMUS DE GRÃO-DE-BICO DEFUMADO

A inspiração para esta receita veio do talentoso chef Jason Sellers do restaurante Plant, que fica em Asheville, na Carolina do Norte. Embora esta versão da Tami não seja uma réplica da receita de Jason, se iguala em sabor.

**Rende 1½ xícara (340 g)**

- 3 colheres (sopa) (15 g) de lascas de madeira de fragrância suave, para defumar
- 250 g de grão-de-bico cozido e escorrido
- 3 dentes de alho
- ⅓ de xícara (80 ml) de caldo de legumes, ou mais se necessário
- 2 colheres (sopa) (30 ml) de suco de limão-siciliano fresco
- 1 colher (sopa) (16 g) de tahine
- 1 colher (sopa) (15 ml) de azeite de oliva
- ½ colher (chá) de sal marinho fino, ou mais se necessário
- ½ colher (chá) de óleo de gergelim torrado

**DICA**

Você não tem um defumador? Improvise. Pegue uma panela de inox com tampa de encaixe firme e que seja grande o suficiente para comportar uma outra, de vapor. Forre o fundo da panela com um pedaço de papel-alumínio e espalhe as lascas de madeira. As de nogueira e de carvalho têm fragrância mais forte, por isso preferimos lascas de macieira, amieiro, cerejeira ou bordo. Cubra com outra folha de alumínio e coloque a cesta ou panela de vapor por cima. Siga as instruções acima, à direita.

Prepare um defumador, ou a panela adaptada, com as lascas de madeira conforme explicado no quadro "Dica". Se estiver usando um defumador, coloque o grão-de-bico e o alho em um pedaço de papel-alumínio com as extremidades dobradas para obter uma pequena borda, formando uma espécie de bandeja para os grãos. Tampe o defumador (ou a panela) e aqueça em fogo alto até começar a soltar um pouco de fumaça. Baixe o fogo. Se estiver improvisando com uma panela, sele a tampa com papel-alumínio para que a fumaça não escape. Vai levar cerca de 5 minutos para começar a esfumaçar. Se for o caso, ligue o exaustor ou a coifa para dissipar a fumaça. Defume o grão-de-bico e o alho por 20 minutos, ou até que o alho fique da cor dos grãos e estes estejam ligeiramente dourados. Uma defumação mais longa ou lascas de fragrância mais forte produzirão um sabor mais acentuado. Para um sabor mais suave, defume por 10 minutos. Tente não ficar verificando o estado dos grãos com muita frequência para evitar que a fumaça escape a cada vez que a tampa for removida.

Coloque o grão-de-bico, o alho, o caldo de legumes, o suco de limão, o tahine, o azeite, o sal e o óleo de gergelim num liquidificador ou processador e bata até ficar homogêneo. Adicione mais caldo para suavizar a textura, se necessário, ou mais sal a gosto. Cubra e leve à geladeira por 30 minutos para os sabores se incorporarem. Sirva gelado ou em temperatura ambiente com palitos de aipo e cenoura, tiras de pimentão, floretes de couve-flor, pão sírio ou biscoitos. O homus pode ser conservado na geladeira, em recipiente hermético, por até 2 dias.

RÁPIDO E FÁCIL | SEM GLÚTEN

# APERITIVOS DE GRÃO-DE-BICO

Escolha um sabor ou prepare todos: seja como for, eles vão sumir das travessas mais rápido do que você imagina. Belisque esses petiscos ricos em proteínas e fibras como se fossem amendoins. Você também pode servi-los em saladas ou amassá-los levemente para rechear sanduíches.

**Rende cerca de 1¾ xícara (425 g) de grão-de-bico por sabor**

**Grão-de-bico com curry:**

Óleo em spray para untar
250 g de grão-de-bico cozido e bem escorrido
¼ de xícara (60 ml) de leite de coco integral
2 colheres (chá) de cebola em pó
½ colher (chá) de gengibre em pó
1 colher (chá) de alho em pó
1½ colher (chá) de curry suave em pó
¼ de colher (chá) de pimenta-de-caiena
½ colher (chá) rasa de sal marinho fino, a gosto

**Grão-de-bico rancheiro:**

Óleo em spray para untar
250 g de grão-de-bico cozido e bem escorrido
1 colher (sopa) (8 g) de fermento nutricional
2 colheres (chá) de cebola em pó
1 colher (chá) de alho em pó
1 colher (chá) de endro desidratado
1 colher (sopa) (15 ml) de vinagre balsâmico branco
1 colher (sopa) (15 ml) de suco de limão-siciliano fresco
1 colher (sopa) (15 ml) de azeite de oliva ou outro óleo vegetal
½ colher (chá) rasa de sal marinho fino, a gosto

**Grão-de-bico sabor defumado:**

Óleo em spray para untar
250 g de grão-de-bico cozido e bem escorrido
1 colher (sopa) (15 ml) de maple syrup (xarope de bordo)
1½ colher (chá) de vinagre de maçã
1 colher (chá) de páprica defumada
1 colher (chá) de cebola em pó
1 colher (sopa) (15 ml) de fumaça líquida
1 colher (sopa) (15 ml) de azeite de oliva ou outro óleo vegetal
½ colher (chá) rasa de sal marinho fino, a gosto

Preaqueça o forno a 250 °C e unte levemente uma assadeira quadrada de 23 cm com o spray de óleo.

Junte os ingredientes de cada sabor em uma tigela média. Transfira a mistura para a assadeira untada. Certifique-se de que os grãos-de-bico formem uma única camada para assarem por igual. Leve ao forno por 20 minutos, verificando e mexendo a cada 5 minutos para evitar que os grãos queimem. Use uma luva térmica para retirar a assadeira do forno, mexa os grãos-de-bico e borrife o óleo em spray. Retorne a assadeira ao forno e repita esse procedimento a cada 5 minutos.

Os grãos-de-bico estarão prontos quando ficarem dourados e todo o líquido tiver sido absorvido. Retire a assadeira do forno. Sirva quente ou em temperatura ambiente.

PREPARE ANTES | SEM GLÚTEN

# AZEITONAS DE FESTA

Estas são "as" azeitonas: aquelas que seus amigos vão pedir sempre que tiver uma reunião. Azeitonas assadas ganham um sabor incrível e quando misturadas com cebolas adocicadas e amêndoas crocantes, se tornam as favoritas de qualquer um! É um petisco perfeito e muito saboroso. Para facilitar, deixe o prato preparado com antecedência. Assim, basta colocá-lo no forno quando os convidados estiverem chegando.

**Rende 1½ xícara (215 g)**

- ½ xícara (80 g) de azeitonas verdes recheadas com pimenta ou alho
- ½ xícara (80 g) de azeitonas kalamata descaroçadas
- 4 cebolas-pérola ou chalotas bem pequenas, descascadas
- 2 colheres (sopa) (15 g) de amêndoas cruas
- 2 colheres (sopa) (30 ml) de vinho tinto seco vegano ou caldo de legumes
- 4 dentes de alho
- ¼ a ½ colher (chá) de berberé, a gosto
- 1 pimenta Dundicut desidratada ou outra de sua preferência

Preaqueça o forno a 200 °C.

Misture todos os ingredientes em uma pequena frigideira de ferro (ou refratária). Leve ao forno por 25 a 30 minutos. A maior parte do líquido vai evaporar, mas não asse demais ou as amêndoas e o alho podem queimar. Retire a pimenta antes de servir. Sirva quente ou em temperatura ambiente.

**DICAS**

- Neste prato, sugerimos a pimenta paquistanesa Dundicut desidratada, mas você pode escolher outra, se preferir. Ou, então, substitua por ¼ a ½ colher (chá) de pimenta vermelha em flocos.
- Com ingredientes tão simples, é importante usar azeitonas da melhor qualidade.

SEM GLÚTEN

# CHIPS ARCO-ÍRIS

Adoramos as fornadas coloridas de chips deliciosamente crocantes desta receita! Você pode usar qualquer vegetal de sua preferência. Sirva o quanto antes, assim que esfriarem o suficiente para comer. Convide alguns amigos se quiser compartilhar, ou traga seu próprio apetite para a mesa e saia mastigando. Todos os sais aromatizados usados aqui também dão um toque especial à maioria das nossas receitas, desde que os sabores combinem. As misturas indicadas formam combinações perfeitas, por isso não tenha receio das porções que elas rendem. Se as receitas renderem demais, é fácil reduzi-las pela metade ou mesmo a um terço.

**Rende 6 a 8 porções e ½ xícara (146 g) de cada sal aromatizado**

**Sal cítrico de tomilho:**

½ xícara (146 g) de sal marinho fino

Raspas de 2 limões-sicilianos orgânicos

Folhas de tomilho fresco (cerca de 20 ramos pequenos)

1 colher (chá) de alho em pó

1½ colher (chá) de cebola granulada

**Sal de páprica defumada:**

½ xícara (146 g) de sal marinho fino

1½ colher (chá) de páprica defumada

**Sal de laranja e alecrim:**

½ xícara (146 g) de sal marinho fino

1 colher (chá) de cebola em pó

Raspas de 1 laranja orgânica

Folhas de alecrim fresco (2 ramos)

**Para fazer cada sal aromatizado:** Junte os ingredientes de cada sabor em um processador e bata usando a tecla pulsar várias vezes. Transfira para um recipiente hermético. O sal se mantém por tempo indefinido em temperatura ambiente.

**Para fazer as chips:** Lave e seque bem os legumes; isso vai garantir que fiquem crocantes e evitar que o óleo respingue durante a fritura. Apare cerca de 2,5 cm das pontas de todos os legumes (um pouco menos no caso das batatas-doces), e depois descasque. (Guarde as pontas aparadas para fazer sopas, caldos ou adubo!) Com um mandoline, fatie os legumes com cerca de 1,5 mm de espessura: quanto mais finos os vegetais, mais rápida a fritura. Certifique-se de que todas as fatias fiquem da mesma espessura. Tenha cuidado ao manusear o mandoline — ele é bem afiado!

Antes de fritar os legumes, pegue um escorredor de macarrão e forre com uma boa quantidade de papel-toalha.

Aqueça cerca de 7,5 cm de óleo em uma fritadeira ou uma panela grande de fundo reforçado, em fogo alto a 180 °C. Use um termômetro para controlar a temperatura e tome cuidado com o óleo quente. Frite os legumes em pequenas porções para que a temperatura não caia muito, o que pode deixar as chips encharcadas. Frite um tipo de legume por vez, por aproximadamente 2 a 3 minutos, até as chips ficarem douradas e com as bordas encurvadas.

**Para as chips de legumes:**

1 batata-doce grande (cerca de 454 g)
2 beterrabas pequenas (cerca de 227 g)
1 cenoura grande (cerca de 227 g)
1 nabo (cerca de 227 g)
2 batatas roxas (cerca de 227 g)
Óleo de amendoim ou de milho, para fritar

Retire as chips com uma escumadeira e coloque no escorredor forrado com papel-toalha para absorver o excesso de óleo, tempere com uma pitada do sal aromatizado de sua preferência (é fácil exagerar no sal, por isso tenha cuidado) e agite as chips segurando as pontas do papel-toalha, para distribuir o tempero salpicado e para que fiquem bem sequinhas e crocantes.

Troque o papel-toalha quando ficar saturado de óleo. Você também pode usar dois escorredores forrados, para que os sabores de sal não se misturem. Após agitar, transfira as chips para uma grade de resfriamento (usada para pães e bolos) com vãos de 1,3 cm ou menos, para evitar que as menores escapem pelos buracos. Deixe esfriar e repita o processo com as outras porções de legumes. Sirva assim que esfriar o suficiente para comer.

PREPARE ANTES | RÁPIDO E FÁCIL | SEM GLÚTEN

# COGUMELOS MARINADOS

Pode não ser comum na maioria das receitas de cogumelos marinados, mas adoramos manter os cogumelos crus neste prato. O sabor fresco é realçado pelas ervas, enquanto o óleo e o vinagre intensificam seu sabor e dão uma acidez revigorante.

**Rende 4 porções**

- 2 colheres (sopa) (30 ml) de vinagre de vinho tinto
- 1 colher (sopa) (15 ml) de azeite de oliva
- 1 colher (sopa) (10 g) de chalota bem picada
- 1 colher (sopa) (15 ml) de suco de limão-siciliano fresco
- 2 dentes de alho picados
- ¼ de colher (chá) de manjericão desidratado
- ¼ de colher (chá) de orégano desidratado
- ¼ de colher (chá) de xarope de agave
- ¼ de colher (chá) de sal marinho fino
- ¼ de colher (chá) de pimenta-do-reino moída
- Uma pitada de pimenta vermelha em flocos
- 340 g de cogumelos-de-paris cortados ao meio ou em quartos
- ¾ de colher (chá) de salsinha fresca picada

Junte o vinagre, o azeite, a chalota, o suco de limão, o alho, o manjericão, o orégano, o agave, o sal, a pimenta-do-reino e a pimenta vermelha em uma frigideira grande. Deixe ferver e cozinhe por 2 minutos, mexendo sempre. Não doure o alho. Retire a frigideira do fogo. Adicione os cogumelos e a salsinha, mexendo bem. Transfira para um recipiente hermético e leve à geladeira por 1 hora, ou até 2 dias.
Prove e ajuste os temperos antes de servir.

# COGUMELOS À MODA MEDITERRÂNEA

Cogumelos suculentos e bem temperados são recheados com espinafre, cebola adocicada, tomates secos e azeitonas, servidos sobre uma base de cevada para criar este saboroso aperitivo. Se preferir, a cevada pode ser substituída por quinoa, cozida de acordo com as instruções na embalagem.

**Rende 8 a 10 cogumelos**

- 3 xícaras (705 ml) de caldo de legumes
- ¼ de xícara (50 g) de cevadinha
- Sal marinho fino, a gosto
- 1 colher (sopa) (9 g) de pinoli
- 1 colher (sopa) de azeite de oliva, e mais 1 colher (chá) (20 ml) para refogar
- 2 colheres (sopa) (30 ml) de vinho tinto seco vegano ou caldo de legumes
- ¼ de colher (chá) de pimenta-do-reino moída, ou mais a gosto
- 8 a 10 cogumelos grandes para rechear (com cerca de 5 cm cada)
- 2 xícaras (80 g) de espinafre fresco picado
- ½ xícara (55 g) de cebola picada
- 3 colheres (sopa) (12 g) de tomates secos ao sol (sem conserva de óleo), picados
- 2 dentes de alho picados
- 1 colher (sopa) (10 g) de azeitonas kalamata picadas
- 1 colher (chá) de mix de ervas italianas desidratadas
- Uma pitada de pimenta vermelha em flocos
- 2½ colheres (chá) ou (12,5 ml) de suco de limão-siciliano fresco

Junte o caldo, a cevadinha e uma pitada de sal numa caçarola em fogo alto. Assim que ferver, baixe o fogo e deixe cozinhar, mexendo de vez em quando, por 50 minutos, ou até que a cevadinha esteja macia e o caldo tenha sido absorvido.

Preaqueça o forno a 190 °C. Doure os pinoli numa frigideira pequena em fogo médio, mexendo por cerca de 4 minutos.

Junte 1 colher (sopa) (15 ml) de azeite, metade do vinho e a pimenta-do-reino em uma assadeira de 23 cm. Retire as hastes dos cogumelos, pique e reserve. Coloque os chapéus na assadeira, virando-os para untar bem. Disponha de modo que os lados cortados fiquem voltados para cima.

Aqueça o restante do azeite numa frigideira grande em fogo médio. Adicione as hastes dos cogumelos, o espinafre, a cebola, os tomates secos, o alho, as azeitonas, as ervas e a pimenta vermelha. Mexa e deixe cozinhar até que o espinafre murche, de 3 a 5 minutos. Acrescente o suco de limão e a cevadinha cozida. Tempere com sal e pimenta a gosto. Recheie cada cogumelo com cerca de 2 colheres (chá) da mistura, amontoando levemente. Pode ser que sobre um pouco de recheio, que pode ser espalhado sobre os cogumelos, se desejar. Cubra os cogumelos com os pinoli, pressionando-os levemente sobre o recheio. Despeje o restante do vinho na assadeira e cubra com papel-alumínio. Asse por 30 minutos. Remova o alumínio tomando cuidado com o vapor. Retorne ao forno por mais 15 minutos, ou até que os cogumelos estejam macios e os pinoli tostados. Sirva quente ou em temperatura ambiente.

PREPARE ANTES | SEM GLÚTEN

# CANOAS DE ENDÍVIA COM LENTILHAS

Folhas frescas e crocantes de endívia são a base ideal para estas elegantes e bem temperadas lentilhas. O molho adiciona uma camada extra de sabor, além de cremosidade. Para facilitar, tanto o recheio de lentilhas quanto o molho podem ser preparados com até 2 dias de antecedência. Retire da geladeira, monte o prato e você estará com seus convidados em minutos.

**Rende 20 canoas de lentilhas**

**Para as canoas de lentilhas:**

2 xícaras (470 ml) de água

½ xícara (96 g) de lentilhas pretas

1 dente de alho picado

1 colher (sopa) (10 g) de cebola bem picada

¼ de colher (chá) de coentro em pó

¼ de colher (chá) de cominho em pó

¼ de colher (chá) de sal marinho fino

⅛ de colher (chá) de páprica defumada

Suco de ½ limão-siciliano fresco

1 colher (sopa) (15 ml) de vinagre de arroz temperado

Sal e pimenta a gosto

20 folhas de endívias frescas, separadas

**Para o molho:**

¼ de xícara (35 g) de castanhas-de-caju cruas, demolhadas em água por 3 horas e escorridas

1½ colher (23 ml) de água, ou mais se necessário

1 colher (chá) de suco de limão-siciliano fresco, ou mais a gosto

1 colher (chá) de vinagre de arroz temperado

1 colher (chá) de fermento nutricional

1 colher (chá) de missô médio

1 colher (chá) de pimenta Sriracha, a gosto

**Para fazer as lentilhas:** Junte a água, as lentilhas e o alho em uma caçarola pequena. Deixe ferver em fogo alto. Baixe o fogo e cozinhe por 18 minutos, ou até que as lentilhas estejam macias, mas sem perder a forma. Escorra e transfira as lentilhas para uma tigela média, adicione a cebola, as especiarias, o suco de limão e o vinagre de arroz. Mexa bem e leve à geladeira por pelo menos 1 hora para incorporar os sabores. O recheio pode ser coberto e mantido na geladeira por até 2 dias.

**Para fazer o molho:** Bata todos os ingredientes em um liquidificador até obter um creme homogêneo. Adicione mais água, se necessário, para obter uma consistência cremosa. Prove e ajuste o tempero a gosto. Despeje a mistura em um saco pequeno tipo zip. Deixe na geladeira até servir, ou por até 3 dias. Ajuste a consistência quando for servir.

Para montar, prove as lentilhas e tempere com sal e pimenta, se necessário. Coloque 2 colheres (chá) generosas de lentilhas no centro de cada folha de endívia. Corte a ponta do saco com o molho e esprema sobre as lentilhas como preferir.

PREPARE ANTES | RÁPIDO E FÁCIL | SEM GLÚTEN

# COPINHOS DE ABOBRINHA RECHEADOS

Com influências marroquinas graças à harissa — um molho de pimenta de origem norte-africana —, esta é uma versão picante de salada de cenoura, e pode ser feita com antecedência e mantida na geladeira por até 24 horas. Ao servir, os copinhos de abobrinha são cobertos com passas para dar um toque de doçura a esta entrada temperada com perfeição.

**Rende 12 copinhos de abobrinha**

- 2 abobrinhas (com cerca de 18 cm x 3,5 cm)
- 1 colher (sopa) (15 ml) de tamari
- ½ colher (chá) de fumaça líquida
- ½ colher (chá) de azeite de oliva
- ½ colher (chá) de coentro m pó
- Óleo em spray para untar
- 2 colheres (chá) de pasta de harissa, ou mais a gosto
- 2 colheres (chá) de vinagre de vinho tinto
- 1 xícara (110 g) de cenoura ralada
- 2 colheres (chá) de salsinha picada fresca
- Sal e pimenta a gosto
- 36 uvas-passas

Apare as pontas e corte as abobrinhas em rodelas de 2,5 cm. Usando uma faca, ou uma colher medidora de inox ou um boleador, retire o miolo de cada rodela formando um copinho, tomando o cuidado de manter as bordas e o fundo intactos.

Junte o tamari, a fumaça líquida, o azeite e o coentro em uma tigela pequena. Unte uma frigideira grill com o óleo em spray e aqueça em fogo médio-alto. Pincele as bordas dos copinhos de abobrinha com a mistura de tamari e coloque-os na grelha com a abertura para baixo. Grelhe até marcar, por cerca de 4 minutos. Gire um pouco e grelhe novamente até marcar, por 3 a 4 minutos. Borrife o spray para untar e vire para grelhar a parte lisa por 3 a 4 minutos até marcar. Gire um pouco e grelhe novamente até marcar. Retire da grelha. As abobrinhas devem manter sua textura em vez de ficarem macias demais.

Junte a harissa e o vinagre na mistura de tamari restante. Despeje sobre a cenoura e polvilhe com a salsinha. Mexa bem e tempere a gosto com sal e pimenta. Acrescente um pouco mais de harissa, se desejar.

Coloque o recheio de cenoura de modo uniforme nos copinhos de abobrinha, amontoando levemente. Decore cada copinho com 3 passas e sirva quente.

PREPARE ANTES | RÁPIDO E FÁCIL | SEM GLÚTEN

# PALITOS DE AIPO ORGÂNICO

Aipo recheado com creme de amendoim era um petisco irresistível da nossa juventude, mas esta versão com quinoa e tofu acaba com a mesma rapidez. Estes palitos são refrescantes e defumados, e o aipo é uma forma crocante de levar à boca o saboroso recheio. Como os talos variam em tamanho, pode ser que você precise de uma quantidade diferente da estipulada aqui. Prepare com antecedência e conserve na geladeira em recipiente tampado por até 12 horas, antes de servir.

**Rende 28 a 34 palitos**

- ½ xícara (120 ml) de caldo de legumes
- ¼ de xícara (43 g) de quinoa enxaguada e escorrida
- 1 colher (chá) de cominho em pó
- ½ colher (chá) de páprica defumada
- ½ colher (chá) de orégano desidratado
- ½ colher (chá) de sal defumado
- 2 colheres (chá) de azeite de oliva
- ¼ de xícara (40 g) de cebola picada
- ¼ de colher (chá) de pimenta-do-reino moída, ou mais a gosto
- 85 g de tofu extrafirme, escorrido e amassado
- Suco de ½ limão-siciliano fresco
- Sal marinho fino, a gosto
- 8 a 10 talos de aipo orgânico, aparados
- 3 pimentas cereja ou piquanté em conserva, enxaguadas, escorridas e picadas

Aqueça o caldo, a quinoa, o cominho, a páprica, o orégano e o sal defumado em uma caçarola pequena até ferver. Baixe o fogo e cozinhe, mexendo de vez em quando, por cerca de 15 minutos, até os grãos incharem e o caldo ser absorvido. Passe para uma tigela média.

Aqueça o azeite numa frigideira pequena em fogo médio. Refogue a cebola com a pimenta-do-reino, mexendo ocasionalmente, até ficar translúcida, por cerca de 4 minutos. Adicione à mistura de quinoa. Acrescente o tofu amassado e o suco de limão, misturando bem. Prove e ajuste os temperos.

Cubra e leve à geladeira por pelo menos 1 hora (ou até 24 horas) para que os sabores se incorporem. Coloque o recheio nos talos de aipo e fatie em tiras de 5 cm. Espalhe as pimentas e sirva.

PREPARE ANTES | SEM GLÚTEN

# BARQUINHAS DE PIMENTÃO BABY

Este é um lanche perfeito de verão: legumes frescos e crocantes recheados com uma pasta saborosa, salpicada de salsinha fresca. O recheio também pode ser feito sem o grão-de-bico e usado para passar no pão: adoramos com pão de centeio integral!

**Rende 40 barquinhas e 2½ xícaras (600 g) de recheio**

- ¼ de xícara (40 g) de azeitonas kalamata picadas
- 4 azeitonas verdes grandes, recheadas com alho
- 1 colher (sopa) (4 g) de tomates secos ao sol (sem conserva de óleo)
- 1 colher (chá) de alcaparras sem salmoura
- 2 ou 3 dentes de alho amassados, a gosto
- 1 colher (chá) rasa de manjericão desidratado
- 250 g de grão-de-bico cozido, escorrido
- Suco de ½ limão-siciliano fresco (cerca de 2½ colheres (chá) ou 12,5 ml)
- 1 colher (sopa) (15 ml) de tamari
- ½ colher (chá) de fumaça líquida
- 1¼ xícara (335 g) de Pasta de Amêndoas e Castanhas-de-Caju (p. 121)
- Sal e pimenta a gosto
- 20 pimentões baby de várias cores, cortados ao meio, limpos, enxaguados e escorridos
- ⅓ de xícara (20 g) de salsinha fresca picada

Pique bem as azeitonas, os tomates secos e as alcaparras. Coloque em uma tigela grande, junto com o alho. Esfregue o manjericão desidratado entre os dedos, espalhe sobre a mistura de azeitonas e mexa bem. Reserve.

Coloque o grão-de-bico, o suco de limão, o tamari e a fumaça líquida em uma frigideira média. Cozinhe em fogo médio, mexendo de vez em quando, até que o líquido evapore, por cerca de 5 minutos. Com isso, o grão-de-bico ficará temperado e mais fácil de amassar.

Amasse os grãos com um espremedor de batatas, mas para não amasse demais, basta que não fiquem inteiros. Junte a Pasta de Amêndoas e Castanhas-de-Caju com o grão-de-bico e a mistura de azeitonas. Mexa bem e tempere com sal e pimenta a gosto. Cubra e leve à geladeira por pelo menos 2 horas ou de um dia para o outro, para que os sabores se incorporem.

Recheie as metades de pimentão com 1 colher (sopa) (15 g) da mistura, ou o máximo que couber, e salpique a salsinha. Sirva imediatamente, ou cubra e deixe na geladeira até servir. Conserve as sobras na geladeira, em recipiente hermético, por até 3 dias.

**DICA**

Como os legumes variam de tamanho, convém ter alguns a mais, por precaução. Caso tenha alguma sobra, este recheio também fica uma delícia com pão.

**SUGESTÕES E VARIAÇÕES PARA SERVIR**

Se preferir, substitua os pimentões por tomates. Você precisará de 8 tomates cortados ao meio, sem sementes e deverá colocar cerca de 1½ colher (sopa) (23 g) de recheio em cada metade.

PREPARE ANTES | RÁPIDO E FÁCIL | SEM GLÚTEN

# COPINHOS DE PEPINO E COUVE KALE

Viva a couve kale! O mais super dos superalimentos! Adoramos estas fatias crocantes de pepino combinadas com a couve temperada, mas, se for o caso, nos contentamos com uma simples salada desta couve. Para um visual mais bonito, faça ranhuras no pepino com um garfo antes de cortá-lo em rodelas. A salada de couve pode ser preparada com antecedência e armazenada na geladeira em recipiente tampado por até 8 horas, mas perderá volume, por isso prepare a mais.

**Rende 14 copinhos**

- 2 xícaras (120 g) de folhas de couve kale (sem talos), em tiras bem finas
- 2 colheres (chá) de tamari
- 2 colheres (chá) de suco de limão-siciliano fresco
- 1 colher (chá) de óleo de gergelim torrado
- ½ colher (chá) de Sriracha, ou mais a gosto
- ½ colher (chá) de sementes de gergelim branco, ou mais a gosto
- Sal e pimenta a gosto
- 14 rodelas grossas de pepino orgânico com cerca de 1,5 cm de espessura (veja a Dica, ao lado)

Junte a couve, o tamari e o suco de limão em uma tigela. Misture tudo com as mãos por alguns minutos ou até as folhas murcharem e amolecerem. Adicione o óleo de gergelim torrado, a Sriracha e as sementes de gergelim. Reserve por 15 minutos para os sabores se incorporarem. A couve perderá volume. Usando uma colher medidora ou um boleador, cave cuidadosamente a polpa dos pepinos para formar uma pequena "tigela". Cuidado para não furar o fundo do legume. Prove a salada e ajuste os temperos. Recheie cada pepino com 1 colher (chá) de salada de couve kale.

**SUGESTÕES E VARIAÇÕES PARA SERVIR**

Sirva estes Copinhos de Pepino e Couve Kale com Molho Dip Rancheiro (p. 57) se desejar um sabor mais intenso.

**DICA**

Apesar de darmos preferência a pepinos orgânicos, caso não estejam disponíveis (ou sejam muito caros), use pepinos comuns e retire a casca completamente, em vez de apenas raspá-la.

PREPARE ANTES

# PIMENTAS JALAPEÑAS ASSADAS

Um recheio cremoso com uma cobertura crocante, tudo dentro de uma pimenta jalapeña, criando um lanche fácil de preparar, com camadas de sabor e textura. Se desejar, sirva com a Salada Rastafári (p. 16). Segurança em primeiro lugar: use luvas descartáveis ao manusear as pimentas!

**Rende 16 a 24 metades de pimenta e ⅔ de xícara (200 g) de recheio**

**Para o recheio:**

½ xícara (70 g) de castanhas-de-caju cruas, demolhadas em ½ xícara (120 ml) de água por 3 horas e escorridas

½ xícara (130 g) de feijão-branco cozido

2 colheres (sopa) (30 ml) de vinho branco seco vegano

2 colheres (sopa) (30 ml) de suco de limão-siciliano fresco

1 colher (sopa) (8 g) de fermento nutricional em flocos

2 colheres (chá) de vinagre de umeboshi

1 colher (chá) de missô light

½ colher (chá) de cebola em pó

Sal e pimenta a gosto

**Para as pimentas:**

Óleo em spray para untar

8 a 12 pimentas jalapeñas médias

2 xícaras (56 g) de flocos de milho orgânicos, triturados

½ xícara (40 g) de farinha integral panko para empanar

Salada Rastafári (p. 16), para servir

**Para fazer o recheio:** Misture todos os ingredientes em um liquidificador ou processador e bata até obter uma pasta homogênea. Cubra e leve à geladeira por pelo menos 1 hora para que os sabores se incorporem. Prove e ajuste os temperos. O recheio pode ser preparado com até 4 dias de antecedência. Guarde na geladeira em recipiente tampado.

Se for assar imediatamente, preaqueça o forno a 200 °C. Se for preparar com antecedência, você pode colocar o recheio e a cobertura nas pimentas e manter na geladeira por 24 horas antes de assar.

**Para fazer as pimentas:** Unte levemente uma assadeira com o óleo em spray. Corte as pimentas ao meio e retire as sementes. Encha cada metade com 1 colher (sopa) (17 g) de recheio, dependendo do tamanho das pimentas. Junte os flocos de milho e a farinha panko em um prato.

Mergulhe o lado recheado de cada pimenta na mistura de farinha para empanar, pressionando levemente para que grude no recheio. Coloque as pimentas na assadeira e leve ao forno por 20 minutos, até que a superfície fique dourada e as pimentas ligeiramente murchas. Sirva com a Salada Rastafári.

PREPARE ANTES | SEM GLÚTEN

# CASTANHAS ENROLADAS EM "BACON"

Muitos cresceram com este elegante (e saboroso!) aperitivo nas festas natalinas. Dada a nossa paixão por "bacon" de portobello, sabíamos que cairia perfeitamente bem aqui. O bacon nesta receita não é crocante, mas traz todo aquele sabor nostálgico. Prepare o bacon no dia anterior para que fique tenro.

**Rende 20 a 24 castanhas**

- 2 colheres (sopa) (33 g) de ketchup orgânico
- 1 colher (sopa) (15 ml) de maple syrup (xarope de bordo)
- 1 colher (sopa) (15 ml) de tamari
- 230 g de castanhas portuguesas cozidas e descascadas
- 397 g de cogumelos portobello preparados como "bacon", conforme indicado na receita de Sanduíche de Cogumelo (p. 118).

Preaqueça o forno a 200 °C.

Junte o ketchup, o maple syrup e o tamari em uma tigela média. Adicione as castanhas e misture bem. Deixe marinar por 30 minutos. Escorra as castanhas e reserve a marinada na tigela.

Enrole cada castanha com 3 ou 4 pedaços de "bacon", juntando as pontas com um palito. Coloque em uma assadeira pequena. Pincele um pouco da marinada reservada sobre as castanhas e repita o processo na metade do tempo de assar. Asse por 20 a 25 minutos, ou até as castanhas ficarem glaceadas. Sirva quente ou morno.

PREPARE ANTES | SEM GLÚTEN

# TORRE DE BATATAS

Batatas tenras e levemente crocantes recebem uma explosão de sabor quando polvilhadas com fermento nutricional, um dos pilares do veganismo. O bacon de shitake é a "cereja do bolo", por assim dizer. O sabor é melhor quando servido em temperatura ambiente. Todas as partes desta receita podem ser preparadas com antecedência e montadas posteriormente (dê um retoque no bacon, se necessário, ao servir).

**Rende 12 torres e ½ xícara (48 g) de bacon**

**Para o bacon de shitake:**

- 1 colher (sopa) (15 ml) de azeite de oliva
- 1 colher (sopa) (15 ml) de tamari
- ½ colher (chá) de óleo de gergelim torrado
- ½ colher (chá) de fumaça líquida
- ¼ de colher (chá) de sal marinho fino
- ¼ de colher (chá) de pimenta-do-reino moída
- 100 g de cogumelos shitake, apenas os chapéus, em fatias de 3 mm

**Para as torres:**

- 6 batatas asterix (100 g cada), bem enxaguadas e escovadas
- 2 colheres (sopa) (30 ml) de azeite de oliva
- 1 colher (sopa) (8 g) de fermento nutricional
- ½ colher (chá) de sal marinho fino
- ¼ de colher (chá) de pimenta-do-reino moída

**Para a cobertura:**

- 2 colheres (sopa) (30 g) de sour cream vegano
- 1 colher (chá) de cebolinha bem picada, e mais um pouco para decorar
- ½ colher (chá) de suco de limão-siciliano fresco
- Sal e pimenta a gosto

**Para fazer o bacon de shitake:** Preaqueça o forno a 180 °C. Misture o azeite, o tamari, o óleo de gergelim, a fumaça líquida, o sal e a pimenta em uma tigela média. Adicione os cogumelos e incorpore bem. Espalhe em uma camada única numa assadeira rasa. Asse por 20 a 25 minutos, mexendo de vez em quando, até dourar. O "bacon" ficará crocante enquanto esfria. Sua textura fica melhor no mesmo dia do preparo.

**Para fazer as torres:** Preaqueça o forno a 200 °C. Fatie as batatas em rodelas de 3 mm. Junte o azeite, o fermento nutricional, o sal e a pimenta em uma tigela média. Adicione as rodelas de batata, mexendo bem. Empilhe as batatas de modo uniforme nas cavidades de uma fôrma para 12 muffins, colocando as fatias maiores por baixo. Asse por 40 minutos, até dourar. As torres de batata irão se firmar depois de esfriarem.

**Para fazer a cobertura:** Junte o sour cream, a cebolinha e o suco de limão em uma tigela pequena. Mexa bem e tempere com sal e pimenta.

Para montar o prato, retire cuidadosamente as torres frias da fôrma e cubra cada uma com uma colherada de cobertura. Polvilhe a cebolinha picada e um pouco de bacon de cogumelo e sirva em seguida.

**SUGESTÕES E VARIAÇÕES PARA SERVIR**

Não tem sour cream? Experimente misturar 2 colheres (sopa) (33 g) de Pasta de Amêndoas e Castanhas-de-Caju (p. 121) com 1 colher (chá) de cebolinha-francesa picada e ½ colher (chá) de suco de limão-siciliano fresco. Tempere a gosto com sal e pimenta-do-reino.

PREPARE ANTES | SEM GLÚTEN

# SANDUÍCHE DE PEPINO E GERGELIM

O recheio pode ser feito com antecedência, e mantido em recipiente tampado na geladeira por até 24 horas. Os pepinos também podem ser fatiados antes, mas recomendamos montar os sanduíches pouco antes de servir para manter sua textura crocante.

**Rendimento: 24 sanduíches**

- 113 g de tempeh esfarelado
- 1 xícara (235 ml) de água
- 1 colher (sopa) (15 ml) de tamari
- 2 colheres (chá) de óleo de gergelim torrado
- 1 colher (chá) de óleo de gergelim picante
- ¼ a ½ colher (chá) de cinco especiarias chinesas em pó, a gosto
- ½ colher (chá) de gengibre fresco ralado
- 1 dente de alho picado
- ¼ de xícara (40 g) de ervilhas-tortas bem picadas
- 1 colher (sopa) (7 g) de cenoura ralada
- 1 colher (sopa) (10 g) de cebolinha picada
- 2 colheres (sopa) (30 g) de maionese vegana
- ½ colher (chá) de Sriracha, ou mais a gosto
- Sal e pimenta a gosto
- 48 rodelas finas de pepino orgânico (cerca de 2 pepinos)
- 3 colheres (sopa) (24 g) de sementes de gergelim preto

Leve ao fogo o tempeh, a água e o tamari em uma frigideira pequena até ferver. Baixe o fogo e mantenha em fervura branda até que todo o líquido seja absorvido, por cerca de 15 minutos. Transfira o tempeh para um prato e limpe a frigideira com papel-toalha antes de colocar os óleos e levar ao fogo médio. Retorne o tempeh e mexa de vez em quando, até dourar ligeiramente, por cerca de 5 minutos. Misture as cinco especiarias, o gengibre e o alho e cozinhe por mais 1 minuto. Prove um pouco do tempeh e adicione mais um pouco das cinco especiarias, se desejar. Retire do fogo e reserve para esfriar.

Em uma tigela média, junte a mistura reservada de tempeh, as ervilhas-tortas, a cenoura, a cebolinha, a maionese e a Sriracha. Prove e ajuste os temperos. Coloque 1 colher (chá) do recheio em metade das rodelas de pepino. Cubra com a outra metade e pressione levemente para que o recheio se espalhe até as bordas. Role a parte do recheio nas sementes de gergelim para decorar o meio do sanduíche, pressionando suavemente para que o recheio fique alinhado com os pepinos. Mantenha na geladeira até o momento de servir, no máximo por 1 hora.

**SUGESTÕES E VARIAÇÕES PARA SERVIR**

Substitua o tempeh por 115 g de grão-de-bico cozido. Junte os grãos, 1 colher (sopa) (15 ml) de tamari, 1 colher (chá) de óleo de gergelim torrado e ½ colher (chá) de óleo de gergelim picante em uma frigideira pequena. Cozinhe em fogo médio-alto por 2 minutos, até que parte do líquido evapore; abrande o fogo, adicione as especiarias, o gengibre e o alho, e cozinhe até dourar, cerca de 2 minutos. Como o óleo pode espirrar durante o cozimento, use uma tela protetora para frituras. Amasse grosseiramente os grãos-de-bico com um garfo. Deixe esfriar. Finalize seguindo a receita.

SEM GLÚTEN

# PUFES DE BATATA COM TAPENADE

Esta receita foi criada para aproveitar a polpa das batatas usadas nas Barquinhas de Batata à Moda Nacho (p. 44). Mas, se não for esse o caso, use 2 xícaras (245 g) de batatas cozidas. E tem mais: esta tapenade também fica sensacional com pão.

**Rende 14 a 18 pufes de batata e ⅓ de xícara (85 g) de tapenade**

**Para a tapenade:**

- ¼ de xícara (40 g) de azeitonas kalamata picadas
- 4 azeitonas verdes grandes descaroçadas
- 1 colher (sopa) (4 g) de tomates secos ao sol (sem conserva de óleo), em metades
- 3 folhas de manjericão fresco
- Uma pitada de pimenta-do-reino moída

**Para os pufes:**

- Óleo em spray para untar
- Polpa das batatas das Barquinhas de Batata à Moda Nacho (p. 44) (cerca de 2 xícaras ou 244 g)
- ½ xícara (40 g) de purê de batata vegano instantâneo
- ½ xícara (120 ml) de leite vegano não adoçado
- 2 colheres (sopa) (30 ml) de azeite de oliva
- ½ colher (chá) de sal marinho fino
- Uma pitada de pimenta-do-reino moída

**Para fazer a tapenade:** Pique bem todos os ingredientes, misture tudo e reserve. Um processador também pode ser usado na função pulsar. A tapenade pode ser mantida na geladeira, em recipiente tampado, por até 4 dias.

**Para fazer os pufes:** Preaqueça o forno a 200 °C. Unte levemente uma fôrma de minimuffins com o óleo em spray. Aqueça as batatas, o purê instantâneo, o leite e o azeite em uma caçarola média. Cozinhe em fogo médio por 2 a 3 minutos, amassando as batatas enquanto cozinham. A mistura deve ficar no ponto ideal de enrolar. Tempere com sal e pimenta. Reserve para esfriar. Quando estiver fria o suficiente para manusear, coloque 1 colher (sopa) (47 g) da massa na mão e enrole até formar uma bolinha. Pressione com o dedo para formar uma depressão e recheie com ½ colher (chá) de tapenade. Cubra a bolinha com mais 1 a 1½ colher (chá) de purê de batata. Enrole e coloque na cavidade da fôrma. Repita até terminar toda a mistura de batata. Você terá sobras de tapenade para outro uso, como recheio de sanduíches, por exemplo. Borrife levemente a superfície das bolinhas com o óleo e leve ao forno por 35 minutos, ou até dourar e ficar crocante. Sirva morno ou em temperatura ambiente.

SEM GLÚTEN

# BARQUINHAS DE BATATA À MODA NACHO

Barquinhas de batata, um aperitivo típico de boteco, passam por um remake mais simples, sem perder nenhum toque de sabor. Reserve a polpa para preparar a receita de Pufes de Batata (p. 43).

**Rende 12 barquinhas de batata**

- 6 batatas asterix médias (com cerca de 140 g cada)
- 250 g de feijão-preto cozido e escorrido
- ½ xícara (90 g) de tomates picados
- ¼ de xícara (40 g) de cebola roxa picada
- 2 colheres (sopa) (18 g) de pimenta Poblano picada
- 2 colheres (sopa) (30 ml) de suco de limão fresco
- 2 colheres (chá) de coentro fresco picado, ou mais a gosto
- ½ colher (chá) de cominho em pó
- Sal e pimenta-do-reino a gosto
- 2 colheres (sopa) (30 ml) de azeite de oliva
- 1 colher (sopa) (15 ml) de pimenta chipotle em adobo, com o molho
- 1 receita de Molho Picante para Nachos (p. 58) (veja a Dica)
- 1 abacate médio, em cubos (opcional)

Preaqueça o forno a 200 °C. Faça alguns furos nas batatas para que liberem o vapor ao assar. Leve ao forno em uma assadeira por 45 minutos ou, se forem maiores, por 1 hora. As batatas devem ficar macias. Deixe esfriar, corte ao meio e retire a polpa, deixando a casca intacta com uma espessura de 6 mm. Enquanto esfriam, prepare o recheio.

Junte o feijão, o tomate, a cebola, a pimenta, o suco de limão, o coentro e o cominho em uma tigela média. Tempere a gosto com sal e pimenta.

Preaqueça o forno a 240 °C. Junte o azeite e a pimenta chipotle em um pilão e amasse até misturar bem. Adicione uma pitada de sal e pimenta-do-reino. Fure a parte interna das cascas de batata com um garfo e unte com azeite. Coloque em uma assadeira e leve ao forno por 15 minutos, ou até começar a ficar crocante. Para obter mais crocância, grelhe as cascas por alguns minutos depois de assar. Despeje em cada barquinha uma colherada generosa (cerca de 30 g) de recheio. Cubra com o Molho Picante para Nachos e os cubos de abacate, se usar.

**DICA**

Se você pretende servir esta receita como um prato sem glúten, confira se todos os ingredientes têm a devida certificação. Se algum convidado sofrer de doença celíaca, verifique se ele pode consumir a farinha de aveia usada no Molho Picante para Nachos. Muitos celíacos também podem ser sensíveis à aveia, mesmo a certificada sem glúten. Isso deve-se ao fato de a aveia conter uma proteína chamada avenina, cuja estrutura molecular é semelhante à da proteína do trigo. Neste caso, sirva o molho à parte.

PREPARE ANTES | RÁPIDO E FÁCIL

# BOLINHOS DE MILHO COM MOLHO DE TOMATE E TOMILHO

Gostamos deste prato com o Molho de Tomate e Tomilho, mas se você não tiver muito tempo disponível, sirva com um pouco de maionese vegana e molho de pimenta! Se sobrar um pouco do molho, reserve para servir com tofu amassado ou para usar como molho dip para as Omeletes Assadas (p. 72).

**Rende 16 bolinhos e 470 ml de molho**

**Para os bolinhos:**

½ xícara (60 g) de farinha de grão-de-bico
¼ de xícara (31 g) de farinha de trigo
2 colheres (sopa) (15 g) de fubá
½ colher (chá) de fermento em pó
½ colher (chá) de cominho em pó
¼ de colher (chá) de tomilho desidratado
¼ de colher (chá) de páprica
¼ de colher (chá) de sal marinho fino
Uma pitada de pimenta-do-reino moída
1 xícara (135 g) de milho descongelado
2 colheres (sopa) (14 g) de cenoura ralada
1½ colher (sopa) (4 g) de cebolinha picada
¼ de xícara (60 ml) de leite vegano ou mais
Óleo vegetal para fritura

**Para o Molho de Tomate e Tomilho:**

2 colheres (sopa) (30 ml) de azeite de oliva
½ xícara (80 g) de cebola bem picada
2 colheres (sopa) (16 g) de farinha de trigo
1 colher (chá) de tomilho desidratado ou 1 colher (sopa) de tomilho fresco
½ colher (chá) de sal marinho fino
¼ de colher (chá) de pimenta-do-reino moída
400 g de tomates em lata, picados, com o suco
¾ de xícara (180 ml) de suco de tomate
1 colher (sopa) (15 ml) de molho de pimenta
2 colheres (chá) de fumaça líquida

**Para fazer os bolinhos:** Junte as farinhas, o fubá, o fermento, as especiarias, o sal e a pimenta em uma tigela. Misture bem. Adicione os grãos de milho, a cenoura e a cebolinha, seguidos do leite. A massa ficará viscosa, mas deve ser maleável. Caso fique seca, junte mais 1 colher (sopa) (15 ml) de leite.

Despeje uma camada de óleo numa frigideira grande e aqueça em fogo médio-alto. Coloque 1 colher (sopa) (20 g) da massa na mão e dê batidinhas até formar um bolinho de aproximadamente 4 cm x 2 cm de espessura. Frite até dourar, por 4 a 6 minutos de cada lado. Retire e escorra os bolinhos em papel-toalha. Sirva quente, com o molho.

**Para fazer o molho:** Aqueça o azeite, a cebola, a farinha, o tomilho, o sal e a pimenta numa panela em fogo médio. Mexa de vez em quando por 3 a 4 minutos, até a farinha cozinhar. Adicione os demais ingredientes e cozinhe em fogo brando por 15 a 20 minutos, até os tomates desmancharem. O molho pode ser feito com antecedência e mantido na geladeira em recipiente tampado por até 48 horas. Reaqueça em fogo brando antes de servir.

SEM GLÚTEN

# ALCACHOFRAS NO VAPOR COM MOLHO DE ALCAPARRAS MAGNÍFICO

Este molho também fica ótimo com aspargos cozidos no vapor. O talo da alcachofra pode ser aparado, descascado e cozido no caldo, também.

**Rende 4 porções e ¼ de xícara (57 g) de molho**

- 2 alcachofras pequenas (com cerca de 10 cm de diâmetro)
- 1 limão-siciliano cortado ao meio
- 6 dentes de alho
- 2 colheres (sopa) (30 ml) de azeite de oliva
- ½ colher (chá) de Sal Cítrico de Tomilho (p. 24) ou sal marinho fino
- ¼ de colher (chá) de pimenta-do-reino moída
- ½ xícara (120 ml) de caldo de legumes, ou mais se necessário
- 2 ramos de tomilho fresco
- 1 colher (sopa) (15 g) de mostarda de Dijon
- 1 colher (chá) de alcaparras escorridas
- ½ colher (chá) de fermento nutricional

Preaqueça o forno a 220 °C.

Apare as alcachofras cortando aproximadamente 2,5 cm do topo. Usando uma tesoura de cozinha, apare as pontas das folhas. Lave as alcachofras em água corrente, abrindo as folhas com delicadeza, sem puxar. Escorra a água sacudindo levemente e seque com papel-toalha. Esfregue todas as partes cortadas imediatamente com limão. Encaixe 3 dentes de alho em cada alcachofra, aninhando-os entre as folhas. Coloque as alcachofras em uma frigideira grande de ferro ou assadeira e regue com o azeite. Tempere com sal e pimenta; em seguida, coloque a metade do limão, com o lado cortado para baixo, sobre cada alcachofra. Despeje o caldo de legumes na frigideira, adicione os ramos de tomilho e cubra bem com papel-alumínio.

Leve ao forno por 30 minutos e verifique o nível do caldo, adicionando mais um pouco, se necessário. Asse por mais 30 minutos e verifique se as folhas externas estão macias. Se não estiverem, adicione mais caldo à frigideira e cubra novamente. Asse por mais 15 minutos e confira. Alcachofras maiores levam um pouco mais de tempo para cozinhar.

Quando as alcachofras estiverem prontas, retire os dentes de alho e coloque em um liquidificador. Adicione a mostarda, 2 colheres (chá) (4 g) da polpa do limão assado, as alcaparras e o fermento nutricional. Descarte o tomilho do caldo. Adicione 3 colheres (sopa) (45 ml) do caldo da frigideira à mistura. Bata até ficar homogêneo. Sirva o molho à parte.

RÁPIDO E FÁCIL | SEM GLÚTEN

# VAGENS INDIANAS

Ingredientes simples se combinam para criar um prato modesto, porém repleto de sabor. Se preferir a comida indiana um pouco mais picante, adicione à cebola ¼ a ½ colher (chá) de pimenta vermelha em flocos.

**Rende 4 porções**

- 1 colher (chá) de azeite de oliva
- 454 g de vagens aparadas, em pedaços pequenos
- 3 colheres (sopa) (45 ml) de caldo de legumes, ou mais se necessário
- ¼ de xícara (40 g) de cebola roxa picada
- 1 xícara (180 g) de tomate picado, sem sementes
- 2 dentes de alho picados
- 1 colher (chá) de gengibre fresco picado
- ½ colher (chá) de curry em pó
- Sal e pimenta a gosto
- Coentro fresco picado, para decorar (opcional)

Aqueça o azeite em uma wok ou frigideira de ferro em fogo alto. Adicione as vagens e refogue, mexendo por 3 a 5 minutos, até que comecem a surgir pontos escuros. Adicione o caldo, a cebola, o tomate, o alho, o gengibre e o curry em pó. Cozinhe por 5 minutos, ou até que o caldo evapore e as vagens fiquem tenras, porém ainda firmes. Adicione um pouco mais de caldo, se necessário. Cozinhe até que o tomate se desmanche um pouco, de 3 a 5 minutos, mexendo com frequência. Tempere com sal e pimenta, decore com o coentro, se usar, e sirva.

RÁPIDO E FÁCIL | SEM GLÚTEN

# COUVE-FLOR COM TAHINE

Bastam algumas especiarias para preparar este vistoso prato de couve-flor. Também pode servir como guarnição, se preferir. Se sobrar, conserve na geladeira em recipiente tampado por até 2 dias. Deixe voltar em temperatura ambiente antes de servir.

**Rende 4 porções**

- Óleo em spray para untar
- ¼ de xícara (60 ml) de vinagre de arroz temperado
- 2 colheres (sopa) (32 g) de tahine
- 2 colheres (chá) de xarope de agave claro
- 1 colher (chá) de coentro moído
- ½ colher (chá) de açafrão
- ½ colher (chá) de sal marinho fino
- Uma pitada generosa de pimenta vermelha em flocos
- 5 xícaras (500 g) de floretes de couve-flor

Preaqueça o forno a 200 °C. Unte uma assadeira grande (ou duas menores) com óleo em spray. Misture o vinagre, o tahine, o agave, o coentro, o açafrão, o sal e a pimenta em flocos num miniprocessador.

Coloque a couve-flor em uma tigela grande e cubra com a mistura. Mexa bem. Espalhe os floretes em uma única camada na assadeira. Asse por 15 minutos, ou até ficarem macios. Sirva quente, morno ou em temperatura ambiente.

RÁPIDO E FÁCIL | SEM GLÚTEN

# ERVILHAS-TORTAS GLACEADAS

Confessamos comer estas ervilhas-tortas com os dedos quando estamos à vontade com amigos, mas entenderemos se você preferir usar um garfo! A técnica de glacear é versátil: experimente variar com aspargos ou vagens.

**Rende 4 porções**

- 1½ colher (sopa) (23 ml) de tamari
- 1½ colher (sopa) (23 ml) de vinagre de arroz temperado
- 1½ colher (chá) de maple syrup (xarope de bordo)
- 1½ colher (chá) de missô light
- ¾ de colher (chá) de Sriracha, ou mais a gosto
- 1 colher (chá) de amido de milho
- 454 g de ervilhas-tortas aparadas
- 3 dentes de alho picados
- ¾ de colher (chá) de gengibre fresco picado
- ½ colher (chá) de óleo de gergelim torrado
- ½ colher (chá) de sementes de gergelim torradas

Misture o tamari, o vinagre, o xarope de bordo, o missô, a Sriracha e amido de milho em uma tigela pequena. Leve uma wok ou frigideira seca ao fogo alto e salteie as ervilhas, mexendo com frequência até surgirem manchas pretas, cerca de 3 minutos. Não cozinhe demais. Adicione o alho, o gengibre e o óleo e as sementes de gergelim. Mexa por 1 minuto. Adicione a mistura de tamari e mexa até engrossar, por cerca de 2 minutos. Sirva quente, morno ou em temperatura ambiente.

RÁPIDO
E FÁCIL

# COUVE-DE-BRUXELAS COM CEBOLAS CROCANTES

Um molho cremoso é derramado sobre cebolas crocantes e couves-de-bruxelas cozidas ao ponto neste prato simples, porém sensacional. Sim, este pede um garfo — apesar da moda das pequenas porções, queríamos incluir algumas receitas para talheres. Tente não começar uma batalha de garfos pelos últimos bocados.

**Rende 4 porções**

- 2 colheres (sopa) (28 g) de maionese vegana
- ½ colher (chá) de mostarda de Dijon
- 2 colheres (chá) de suco de limão-siciliano fresco
- Sal e pimenta a gosto
- 2 rodelas finas de cebola, cortadas ao meio
- 1 colher (chá) de farinha de trigo integral
- Uma pitada de alho em pó
- 1 colher (sopa) (15 ml) de óleo vegetal
- ½ colher (chá) de azeite de oliva
- 227 g de couves-de-bruxelas frescas, aparadas, lavadas e cortadas em fatias finas
- Limão-siciliano em gomos, para servir

Junte a maionese, a mostarda e o suco de limão em uma tigela pequena. Tempere com sal e pimenta. Cubra e reserve na geladeira por até 2 dias.

Preaqueça o forno a 150 °C.

Misture as fatias de cebola com a farinha, o alho em pó e uma pitada de sal e pimenta.

Aqueça o óleo em uma wok ou frigideira em fogo alto. Teste a temperatura colocando um pedaço de cebola. Se chiar, está no ponto. Adicione a cebola e refogue por 4 a 6 minutos, mexendo de vez em quando. A cebola deve ficar bem dourada, mas sem queimar. Transfira para um prato forrado com papel-toalha para absorver o excesso de óleo. Mantenha a cebola aquecida no forno enquanto prepara as couves. Limpe a wok ou frigideira com papel-toalha.

Aqueça o azeite na mesma wok ou frigideira em fogo alto. Adicione as couves-de-bruxelas e refogue por 5 a 7 minutos, mexendo de vez em quando, até obter a textura desejada. As couves vão ficar com algumas manchas escuras. Tempere com sal e pimenta. Transfira para uma travessa usando uma escumadeira. Salpique a cebola sobre as couves e regue com o molho. Sirva imediatamente acompanhado do limão.

SEM GLÚTEN

# ASPARGOS COM COGUMELOS

Cogumelos grelhados suculentos casam bem com aspargos tostados, especialmente se regados com um maravilhoso molho de mostarda. Escolha aspargos mais finos para dar à receita um sabor mais intenso.

**Rende 4 porções**

- 454 g de aspargos frescos, com as pontas duras aparadas
- 1 chalota média (cerca de 30 g), picada
- 1 colher (sopa) (15 ml) de suco de limão-siciliano fresco
- 1 colher (chá) de azeite de oliva e mais 1 colher (sopa) (20 ml, no total) para pincelar
- Sal e pimenta a gosto
- 2 cogumelos portobello (225 g), talos removidos
- 2 colheres (sopa) (30 ml) de vinagre balsâmico branco
- 1 colher (sopa) (15 g) mostarda com grãos
- 1 colher (chá) de tamari
- 1 colher (chá) de maple syrup (xarope de bordo)

Preaqueça o forno a 200 °C.

Misture os aspargos, a chalota, o suco de limão e 1 colher (chá) de azeite e coloque em uma fôrma de 23 cm x 33 cm. Adicione uma pitada de sal e pimenta e mexa bem. Asse por 20 minutos, ou até os legumes ficarem tenros.

Pincele ambos os lados dos cogumelos com o restante de azeite e tempere com sal e pimenta. Aqueça uma frigideira grill em fogo alto. Grelhe os cogumelos por 5 minutos ou até ficarem marcados. Vire para grelhar o outro lado, por cerca de 5 minutos. Os cogumelos devem ficar tenros no meio. Corte em tiras de 6 mm e acrescente aos aspargos.

Em uma tigela pequena, junte o vinagre, a mostarda, o tamari e o maple syrup. Despeje sobre a mistura de aspargos e cogumelos. Mexa para cobrir e leve ao forno por 5 minutos.

Antes de servir, tempere a gosto com sal e pimenta. Sirva quente, morno ou em temperatura ambiente.

CAPÍTULO

3

# Recheios e molhos dip

## Chegou a hora de colocar a mão na massa e preparar aperitivos incríveis, divertidos e com muito sabor!

Os petiscos a seguir têm um denominador comum: são repletos de recheios fantásticos e podem ser apreciados com uma variedade de patês e molhos dip deliciosos e ousados. É algo simples e saboroso!

PREPARE ANTES | RÁPIDO E FÁCIL | SEM GLÚTEN

# CHUTNEY DE MAÇÃ E CEBOLA ROXA

Este chutney suculento é o acompanhamento ideal para os Rolinhos de Vegetais (p. 92), mas serve também como recheio para pães ou para dar um toque saboroso à quase todas as receitas deste livro que pedem um molho. Como a maioria dos chutneys, este é levemente ácido e picante, e a intensidade fica a seu gosto. A textura também é fundamental e maravilhosamente rústica.

**Rende 1 xícara (236 g)**

- 1 colher (sopa) (15 ml) de azeite de oliva
- 1 xícara (160 g) de cebola roxa bem picada
- 1 xícara (125 g) de maçã verde bem picada (com casca)
- ½ colher (chá) de gengibre fresco picado
- 1 dente de alho bem picado
- ¼ de colher (chá) de pimenta vermelha em flocos, ou mais a gosto
- ¼ de xícara (55 g) de açúcar mascavo
- 3 colheres (sopa) (45 ml) de vinagre de vinho tinto
- 1 colher (sopa) (17 g) de extrato de tomate
- ¼ de colher (chá) de sal marinho fino

Aqueça o azeite, a cebola e a maçã numa panela pequena em fogo médio. Refogue até as cebolas ficarem translúcidas, por 5 a 7 minutos. Acrescente o gengibre, o alho e a pimenta vermelha em flocos. Deixe cozinhar por mais 1 a 2 minutos, até liberar os aromas. Adicione o açúcar, o vinagre, o extrato de tomate e o sal. Deixe ferver e, em seguida, baixe o fogo. Cozinhe por 15 minutos. Sirva em temperatura ambiente. O chutney pode ser mantido na geladeira em recipiente tampado por até 1 semana.

RÁPIDO E FÁCIL

# CAMPEÃO DE AUDIÊNCIA

Jim, o marido de Tami, batizou este aperitivo e o nome pegou! Estas deliciosas azeitonas recheadas e empanadas em massa à base de cerveja provocam uma explosão de sabores.

**Rende 12 espetinhos**

- 12 azeitonas verdes grandes, descaroçadas
- 2 colheres (sopa) (34 g) do recheio das Pimentas Jalapeñas Assadas (p. 36)
- ¾ de xícara (94 g) de farinha de trigo
- 12 rodelas de picles de pepino com endro (com 1,3 cm de espessura)
- 12 espetinhos de bambu com 7,5 cm de comprimento
- Óleo vegetal para fritar
- 100 ml de cerveja vegana, ou mais se necessário
- 1 colher (chá) de fumaça líquida
- Uma pitada de pimenta
- Molho Dip Rancheiro (à direita)

Insira o recheio nas azeitonas. Coloque ¼ de xícara (31 g) da farinha em um prato. Adicione as azeitonas e os picles à farinha e misture bem. Insira 1 azeitona e 1 rodela de picles em cada espetinho.

Aqueça cerca de 5 cm de óleo numa frigideira funda, a 190 °C. Em uma tigela rasa, misture o restante da farinha, a cerveja, a fumaça líquida e a pimenta. A massa deve ser suficientemente espessa para cobrir as azeitonas e os picles, mas sem escorrer. Mergulhe os espetos na massa de empanar envolvendo totalmente as azeitonas e os picles. Acrescente mais cerveja, se necessário, porque a massa engrossa à medida que os espetos enfarinhados são mergulhados nela. Frite até dourar, por cerca de 4 minutos, e escorra em uma travessa forrada com papel-toalha. Sirva quente com o Molho Dip Rancheiro.

PREPARE ANTES | RÁPIDO E FÁCIL | SEM GLÚTEN

# MOLHO DIP RANCHEIRO

Esta receita surgiu quando Tami ficou presa em casa por vários dias durante uma nevasca, sem ervas frescas à mão. Se você for utilizar ervas frescas, substitua por três vezes a quantidade de ervas desidratadas sugeridas na receita.

**Rende ½ xícara (120 g)**

- ½ xícara (114 g) de maionese vegana
- ½ colher (chá) de fumaça líquida
- ½ colher (chá) de suco de limão-siciliano fresco
- ¼ de colher (chá) de manjericão desidratado
- ¼ de colher (chá) de tomilho desidratado
- ¼ de colher (chá) de salsinha desidratada
- ¼ de colher (chá) de alecrim desidratado
- ¼ de colher (chá) de endro desidratado
- ¼ de colher (chá) de alho em pó
- Sal e pimenta a gosto

Misture todos os ingredientes em uma tigela pequena. Conserve na geladeira em recipiente tampado por pelo menos 1 hora ou até 3 dias, para que os sabores se incorporem.

RÁPIDO E FÁCIL

# MOLHO PICANTE PARA NACHOS

Molho cremoso para nachos sem leite? Sí! A receita deste molho dip é relativamente suave, então ajuste os temperos a gosto.

**Rende 1¼ xícara (310 g)**

- 2 colheres (sopa) (30 ml) de azeite de oliva
- 2 colheres (sopa) (20 g) de cebola picada
- 1 colher (sopa) (10 g) de cebolinha picada
- 2 dentes de alho picados
- ½ colher (chá) de cominho em pó
- ½ colher (chá) de páprica defumada
- ½ colher (chá) de sal marinho fino, ou mais a gosto
- ½ colher (chá) de pimenta vermelha em pó, ou mais a gosto (opcional)
- ¼ de xícara (23 g) de farinha de aveia
- 2 colheres (chá) de pimenta jalapeña em conserva, picada, ou mais a gosto
- ¾ de xícara (180 ml) de leite vegano não adoçado
- ¼ de xícara (30 g) de fermento nutricional
- ½ xícara (120 g) de tomates grelhados em lata, com molho de adobo ou chipotle

Aqueça o azeite, a cebola, a cebolinha, o alho, o cominho, a páprica, o sal e a pimenta vermelha numa caçarola média em fogo médio. Refogue, mexendo por 3 a 4 minutos, até liberar os aromas. Junte a farinha de aveia e cozinhe por mais 3 a 4 minutos, até a farinha ficar cozida. Acrescente a pimenta jalapeña, o leite e o fermento nutricional. Baixe o fogo.

Cozinhe, mexendo vigorosamente, até engrossar, por 6 a 8 minutos. Adicione os tomates. A textura do molho engrossa ligeiramente à medida que esfria em temperatura ambiente. Se sobrar, conserve na geladeira em recipiente tampado por até 4 dias. Reaqueça em fogo brando, mexendo e adicionando um pouco de leite, se necessário, para atingir a consistência desejada.

PREPARE ANTES | RÁPIDO E FÁCIL | SEM GLÚTEN

# AMÊNDOAS COM CHIPOTLE

Estas amêndoas combinam muito bem com uma boa cerveja, e são viciantes. Levemente adocicadas, com um toque defumado, levam minutos para preparar e são realmente saborosas.

**Rende 2 xícaras (280 g)**

- ¼ de xícara (60 ml) de maple syrup (xarope de bordo)
- 2 pimentas chipotle em molho adobo
- 2 colheres (sopa) (30 ml) de azeite de oliva
- 2 colheres (chá) de cebola em pó
- 2 colheres (chá) de cominho em pó
- 1 colher (chá) de pimenta vermelha em pó
- 1 colher (chá) de sal marinho fino
- 2 xícaras (240 g) de amêndoas cruas, sem pele

Preaqueça o forno a 170 °C. Junte o maple syrup, a pimenta chipotle, o azeite, a cebola em pó, o cominho, a pimenta vermelha e o sal em um miniprocessador. Bata até obter uma pasta homogênea. Despeje em uma tigela média e adicione as amêndoas. Mexa para que as amêndoas fiquem completamente recobertas.

Forre uma assadeira com papel-manteiga e espalhe as amêndoas em uma única camada. Leve ao forno por 10 minutos, retire e agite a assadeira para revirar as amêndoas. Retorne ao forno por mais 6 a 10 minutos, mexendo de vez em quando, até que as amêndoas estejam brilhantes e levemente tostadas. A cobertura vai firmar à medida que as amêndoas esfriam. Quebre as amêndoas depois de frias e conserve em recipiente hermético em temperatura ambiente por até 2 semanas.

# SEITAN RECHEADO COM CHUCRUTE

Nossa equipe de provadores achou que o glaceado nestas rodelas de *seitan* era a cobertura ideal, mas se você preferir, sirva com o Molho Mil Ilhas (p. 92).

**Rende 48 rodelas**

- 113 g de tofu extrafirme, esfarelado
- ½ xícara (120 ml) de caldo de legumes, e mais 1 colher (sopa) (15 ml), se necessário
- 2 colheres (sopa) (30 ml) de suco de chucrute engarrafado
- 2 colheres (sopa) (33 g) de extrato de tomate
- 35 ml de tamari
- 1½ xícara (216 g) de glúten de trigo vital, e um pouco mais se necessário
- ¼ de xícara (30 g) de fermento nutricional
- 1 colher (sopa) e mais 1 colher (chá) (8 g) de coentro em pó
- 1 colher (sopa) e mais 1 colher (chá) (9 g) de cominho em pó
- 1 colher (sopa) e mais 1 colher (chá) (10 g) de cebola em pó
- 2 colheres (chá) de páprica defumada
- 2 colheres (chá) de mostarda em pó
- 2 colheres (chá) de alho em pó
- 1 colher (chá) de pimenta-da-jamaica
- ½ colher (chá) de pimenta-do-reino moída
- 1 xícara (142 g) de chucrute escorrido (enxágue, se quiser tirar o sal)
- ½ colher (chá) de sementes de cominho
- 2 colheres (chá) de mostarda de Dijon
- 2 colheres (chá) de maple syrup (xarope de bordo)
- Óleo vegetal para fritar

Prepare uma panela para cozimento a vapor e separe quatro pedaços de 25 cm de papel-alumínio.

Junte o tofu, o caldo, o suco de chucrute, o extrato de tomate e 1 colher (sopa) (15 ml) de tamari em um miniprocessador. Bata até obter uma mistura homogênea.

Misture o glúten de trigo vital, o fermento nutricional e as especiarias em uma tigela média. Adicione a mistura de tofu e mexa com um garfo para incorporar bem. Se necessário, adicione 1 colher (sopa) (15 ml) de caldo ou (9 g) de glúten de trigo vital, para obter a consistência de massa. Sove até formar uma bola uniforme. Divida a massa em 4 porções iguais (156 g cada) e coloque sobre o papel-alumínio.

Junte o chucrute e as sementes de cominho em uma tigela.

Modele as massas em cilindros de 15 cm com cerca de 4 cm de diâmetro. Pressione com os dedos para formar um sulco ao longo do comprimento dos rolos. Distribua o chucrute entre os sulcos. Polvilhe com as sementes de cominho. Feche a massa para envolver o chucrute, apertando para selar, e remende com pedaços de massa onde for necessário. Enrole o papel-alumínio em torno das massas recheadas e torça as extremidades. Cozinhe no vapor por 70 minutos. Deixe esfriar e guarde na geladeira até usar.

Junte o restante de tamari (20 ml), a mostarda e o maple syrup em uma tigela pequena. Corte os rolos de massa em rodelas de 1,3 cm. Aqueça uma fina camada de óleo numa frigideira de ferro em fogo médio-alto. Pincele um lado das rodelas com a mistura de tamari e coloque na frigideira, com o lado temperado para baixo. Pincele as partes de cima com o restante da mistura. Frite por 6 minutos, até dourar. Vire para fritar o outro lado, por cerca de 5 minutos. Sirva quente ou em temperatura ambiente, com palitos.

# EMBUTIDOS DE KIMCHI

Sabemos como é difícil encontrar ingredientes especiais. Se não conseguir achar a pimenta vermelha coreana, substitua por pimenta-de-caiena. Apesar de diferentes, ainda assim, o sabor será ótimo.

**Rende 72 rodelas**

- 113 g de tofu extrafirme, escorrido e esfarelado
- 1¾ xícara (396 g) de kimchi escorrido, mas sem espremer
- ½ xícara (120 ml) de água, ou mais se necessário
- 3 colheres (sopa) (50 g) de ketchup orgânico
- 1 colher (sopa) (15 ml) de tamari
- 2 colheres (chá) de coentro moído
- 1 colher (chá) de gengibre em pó
- 1 colher (chá) de cominho em pó
- 1 colher (chá) de alho em pó
- 1 colher (chá) de cebola em pó
- 1 colher (chá) de pimenta vermelha coreana em pó
- 1 colher (chá) de pimenta-branca moída
- 1½ xícara (216 g) de glúten de trigo vital
- ¼ de xícara (30 g) de fermento nutricional
- 1 colher (sopa) (15 ml) de óleo vegetal
- Molho Coreano da receita de Cubos de Tofu Picantes (p. 63)
- Cebolinha picada e sementes de gergelim, para decorar

Junte o tofu, 1 xícara (226 g) do kimchi, a água, o ketchup, o tamari, o coentro, o gengibre, o cominho, o alho em pó, a cebola em pó e as pimentas em um liquidificador. Bata até obter uma mistura homogênea. Misture o glúten de trigo vital com o fermento nutricional em uma tigela média. Adicione a mistura de tofu e mexa com um garfo até incorporar. A massa deve ficar homogênea e maleável. Se necessário, adicione 1 colher (sopa) (15 ml) de água ou (9 g) de glúten de trigo vital, para obter a consistência ideal.

Prepare uma panela para cozimento a vapor e separe 6 pedaços de 25 cm de papel-alumínio. Divida a massa igualmente entre as folhas de alumínio: cada porção terá 113 g. Modele cada uma em um rolo de 15 cm. Faça um sulco profundo no centro, deixando as pontas intactas. Encha com 2 colheres (sopa) (28 g) do restante de kimchi e aperte as bordas para selar bem. Procure centralizar o recheio para que os rolos não se abram ao assar. Enrole no papel-alumínio e torça as extremidades. Se o rolo não for bem selado, o kimchi pode sair ao cortar ou cozinhar. Repita com os rolos restantes e cozinhe no vapor por 70 minutos. Mantenha na geladeira até usar.

Use uma faca serrilhada para cortar cuidadosamente os rolos em rodelas grossas de 1,3 cm. Aqueça o óleo numa frigideira grande em fogo médio. Frite as rodelas em porções até dourar, por cerca de 4 minutos. Vire para fritar o outro lado, por cerca de 3 minutos. Mantenha aquecido. Quando todas as rodelas estiverem douradas, retorne-as à frigideira e coloque o molho. Mexa delicadamente para cobrir e cozinhe por 1 minuto.

Transfira para um prato e salpique com as cebolinhas e as sementes de gergelim.

PREPARE ANTES

# CUBOS DE TOFU PICANTES

Um livro de receitas de aperitivos estaria incompleto se não incluísse este prato inspirado nas famosas "asinhas de frango". Feitos com tofu, estes cubos pedem pelos tradicionais acompanhamentos de palitos de aipo e molho dip (aqui, na foto, com o Molho Dip Rancheiro (p. 57) e um molho ao estilo coreano, incluído abaixo).

**Rende 4 porções**

**Para os cubos:**

- 2 colheres (sopa) (30 ml) de molho de pimenta
- 2 colheres (sopa) (30 ml) de tamari
- 2 colheres (chá) de mostarda de Dijon
- 2 colheres (chá) de cebola em pó
- 1 colher (chá) de alho em pó
- ¼ de colher (chá) de pimenta-do-reino moída, ou mais a gosto
- 425 g de tofu extrafirme, escorrido e espremido, cortado em cubos de 2,5 cm
- Óleo em spray para untar
- 3 colheres (sopa) (45 ml) de leite vegano não adoçado
- ½ xícara (64 g) de farinha de araruta, ou mais se necessário
- 1 xícara (80 g) de farinha panko
- Sal a gosto

**Para o molho:**

- ½ xícara (120 ml) de molho de pimenta
- 2 colheres (sopa) (28 g) de manteiga vegana, derretida
- 2 colheres (chá) de mostarda de Dijon
- 1 colher (chá) de maple syrup (xarope de bordo)

**Para fazer os cubos:** Junte o molho de pimenta, o tamari, a mostarda, metade da cebola em pó, metade do alho em pó e a pimenta-do-reino em uma tigela média e misture. Adicione o tofu e mexa bem para recobrir. Tampe e leve à geladeira por no mínimo 1 hora, ou até 12 horas.

Preaqueça o forno a 200 °C. Unte levemente uma assadeira com o óleo em spray.

Retire o tofu da marinada e junte o leite ao líquido restante. Coloque a farinha de araruta em um prato. Em outro, junte a farinha panko, o restante da cebola e do alho em pó, o sal e a pimenta-do-reino. Mergulhe os cubos na mistura da marinada, escorra o excesso e passe na araruta. Mergulhe novamente na mistura da marinada e cubra generosamente com a panko. Disponha os cubos empanados na assadeira e leve ao forno por 25 minutos. Vire e asse por mais 10 minutos, ou até dourar.

**Para fazer o molho:** Bata os ingredientes em uma tigela. Sirva os cubos espetados em palitos com o molho à parte, ou, para um sabor mais picante, o molho pode ser derramado sobre os cubos pouco antes de servir.

### SUGESTÕES E VARIAÇÕES PARA SERVIR

Faça um molho coreano para variar! Rende ¾ de xícara (180 ml)

- 3 colheres (sopa) (60 g) de pasta de pimenta coreana
- 3 colheres (sopa) (45 ml) de tamari
- 3 colheres (sopa) (45 ml) de vinagre de arroz temperado
- 2 colheres (sopa) (33 g) de ketchup orgânico
- ½ colher (chá) de óleo de gergelim torrado
- 2 cebolinhas picadas para decorar
- 2 colheres (chá) de sementes de gergelim torradas

Bata os cinco primeiros ingredientes em uma tigela pequena. O molho pode ser feito com até 2 dias de antecedência. Para servir, regue sobre os cubos e decore com as cebolinhas e o gergelim.

PREPARE ANTES | SEM GLÚTEN

# RODELAS DE POLENTA

Com uma casquinha crocante e cheias de sabor, estas pequenas rodelas podem ser mergulhadas no Molho Picante para Nachos (p. 58) ou, se preferir, cobertas com a Salsa de Tomate. O milho e a cebolinha dão um visual atrativo, enquanto o tempero cajun deixa o sabor sensacional.

**Rende 18 rodelas e cerca de 2 xícaras de salsa**

**Para a salsa de tomate:**

2 tomates frescos, picados
½ cebola grande picada
¼ de colher (chá) de alho picado
1 pimenta jalapeña, sem sementes e picada
¼ de xícara de coentro picado
1 colher (sopa) de suco de limão fresco
Sal e pimenta-do-reino a gosto

**Para a polenta:**

Óleo em spray para untar
1½ xícara (355 ml) de caldo de legumes
2 dentes de alho picados
1 colher (chá) de cebola em pó
1 colher (chá) de tempero cajun
2 colheres (chá) de azeite de oliva
½ xícara (70 g) de flocos de milho pré-cozido
60 g de milho cozido
2 colheres (sopa) (20 g) de cebolinha picada
Óleo vegetal para fritar

**Para fazer a salsa:** Misture todos os ingredientes, prove e ajuste o tempero se necessário. Reserve por 15 minutos para os sabores se incorporarem.

**Para fazer a polenta:** Unte levemente uma fôrma para 18 minimuffins com o óleo em spray.

Em uma panela, junte o caldo, o alho, a cebola em pó, o tempero cajun e o azeite e leve ao fogo alto até ferver. Adicione lentamente o fubá, os grãos de milho e a cebolinha, misturando bem. Baixe o fogo e deixe ferver lentamente por 8 a 10 minutos, mexendo sempre. A polenta deve ficar bem espessa. Despeje em cada cavidade da fôrma cerca de 1½ colher (sopa) (18 g) da polenta, alisando a superfície. Cubra com filme plástico e leve à geladeira por no mínimo 1 hora ou por até 2 dias.

Retire com cuidado as rodelas de polenta da fôrma. Aqueça uma camada fina de óleo numa frigideira grande em fogo alto. Quando estiver quente, reduza para médio. Frite as rodelas em lotes, por 3 a 4 minutos, até dourar. O milho pode fazer o óleo espirrar, por isso tenha cuidado. Vire as rodelas delicadamente e frite o outro lado até dourar, por cerca de 3 minutos.
A superfície da polenta deve ficar levemente crocante. Não se preocupe se escaparem alguns grãos de milho. Retire as rodelas e escorra em papel-toalha. Sirva quente, com palitos.

PREPARE ANTES

# BARRINHAS MARROQUINAS

Todos nós já comemos (e adoramos) barrinhas doces, mas chegou a hora de experimentar barrinhas salgadas para variar! Recheamos estas com sabores norte-africanos, para criar um aperitivo saboroso. Algumas marcas de harissa são mais picantes que outras, por isso adicione a gosto.

**Rende 20 barras**

- Óleo em spray para untar
- ½ xícara (87 g) de cuscuz israelense
- 1 xícara (235 ml) de caldo de legumes
- 1 colher (chá) de sal marinho fino
- 1 xícara (90 g) de floretes de couve-flor
- ¼ de xícara (25 g) de cenoura em rodelas
- ¾ de xícara (197 g) de feijão-branco cozido
- ¼ de xícara (40 g) de cebola roxa picada
- Suco de ½ limão-siciliano fresco
- 2 colheres (chá) de cominho em pó
- 1 colher (chá) de coentro moído
- ¼ de colher (chá) de pimenta-branca moída
- 2 dentes de alho picados
- 1 colher (chá) de harissa, ou a gosto
- 1 colher (chá) de gengibre fresco picado
- ½ xícara (63 g) de farinha de trigo
- ½ xícara (54 g) de amêndoas picadas
- ⅛ de colher (chá) de páprica defumada

Preaqueça o forno a 190 °C. Unte levemente uma assadeira quadrada de 20 cm com o óleo em spray.

Cozinhe o cuscuz com o caldo de legumes e ½ colher (chá) de sal, de acordo com as instruções da embalagem. Reserve.

Coloque metade da couve-flor e a cenoura em um processador e pulse para picar bem. Transfira para uma tigela média. Coloque o restante da couve-flor no processador e pulse algumas vezes para obter floretes menores. Adicione à tigela. Coloque o feijão no processador e pulse algumas vezes até desmanchar, mas sem formar uma pasta. Acrescente à tigela junto com o restante do sal, a cebola, o suco de limão, o cominho, o coentro, a pimenta, o alho, a harissa e o gengibre. Misture bem. Junte a farinha.

Despeje a mistura na assadeira preparada e espalhe as amêndoas por igual, pressionando-as suavemente na superfície. Polvilhe a páprica defumada. Asse por 40 minutos, até as amêndoas começarem a dourar. Deixe esfriar antes de cortar. Sirva em temperatura ambiente. As barrinhas podem ser preparadas com 2 dias de antecedência e conservadas na geladeira, em recipiente tampado.

**DICA**

A harissa é uma pasta de pimenta forte, originária da Tunísia, que está ficando cada vez mais popular no mundo inteiro. Diversas regiões, e até famílias, têm suas próprias versões. Há receitas disponíveis na internet e em livros culinários, se desejar preparar em casa, ou adquira pronta em grandes supermercados ou lojas especializadas.

# ALMÔNDEGAS MEDITERRÂNEAS SEM CARNE

Este aperitivo feito de tofu pode roubar a cena. Por sua quantidade de manjericão fresco, isso não é nenhuma surpresa. Adicione azeitonas e tomates secos, e nasce uma estrela! Não podemos deixar de mencionar que a nossa equipe de provadores sugeriu esta delícia em sanduíches com a receita de Marinara Fácil (p. 16).

**Rende 14 a 16 almôndegas**

- ¼ de xícara (40 g) de azeitonas kalamata picadas
- ¼ de xícara (16 g) de tomates secos ao sol (sem conserva de óleo), em metades
- ½ xícara (12 g) de manjericão fresco
- 227 g de tofu extrafirme, escorrido, pressionado e esfarelado
- ¼ de xícara (40 g) de cebola bem picada
- 3 colheres (sopa) (28 g) de pimentão verde picado
- 2 colheres (sopa) (30 ml) de suco de limão-siciliano fresco
- 2 colheres (sopa) (15 g) de fermento nutricional
- 2 dentes de alho picados
- ½ colher (chá) de tomilho desidratado
- ½ colher (chá) de orégano desidratado
- ½ colher (chá) de sal marinho fino
- ¼ de colher (chá) de pimenta-do-reino
- Uma pitada de pimenta vermelha em flocos
- ¼ de xícara (66 g) de extrato de tomate, ou mais se necessário
- ½ xícara (63 g) de farinha de trigo
- Óleo em spray para untar
- Óleo vegetal para fritar
- Uma porção aquecida de Marinara Fácil (p. 16) ou Molho de Tomate e Tomilho (p. 47)

Junte as azeitonas e os tomates secos em um miniprocessador. Bata até picar. Adicione o manjericão e bata até incorporar. Coloque o tofu em uma tigela média e adicione a mistura de manjericão, amassando o tofu com um garfo e mexendo bem. Acrescente a cebola, o pimentão, o suco de limão, o fermento nutricional, o alho, o tomilho, o orégano, o sal e as pimentas e mexa até misturar bem. Use as mãos, se necessário, para formar uma massa uniforme. Adicione o extrato de tomate e metade da farinha de trigo. A massa deve ficar maleável. Se for preciso, adicione mais 1 colher (sopa) (17 g) de extrato de tomate e mexa novamente. Unte levemente uma assadeira com o óleo em spray.

**Se for assar:** Preaqueça o forno a 170 °C. Pegue uma colherada da massa na mão para modelar uma bolinha. Repita com o restante da massa e disponha as almôndegas na assadeira. Borrife o óleo nas almôndegas. Asse por 20 minutos, até dourar. Vire com cuidado e borrife novamente. Asse por mais 20 minutos, até dourar. Grelhe as almôndegas por 5 minutos.

**Se for fritar:** Coloque a farinha restante (31 g) em um prato. Coloque uma colherada da massa na mão para modelar uma bolinha. Role na farinha e coloque na assadeira. Repita com o restante da massa. Aqueça uma fina camada de óleo numa frigideira em fogo médio. Forre um prato com papel-toalha. Frite as almôndegas por 8 a 10 minutos, virando de vez em quando, até dourar. Deixe escorrer um pouco sobre o prato com papel-toalha. Sirva as almôndegas quentes, mornas ou em temperatura ambiente com o molho e palitos.

**DICA**

Se você optar por assar em vez de fritar, somente ¼ de xícara (31 g) de farinha de trigo será necessário nesta receita.

PREPARE ANTES | SEM GLÚTEN

# ESPETINHOS DE TEMPEH COM JERK JAMAICANO

O molho jerk desta receita é bem suave. O abacaxi e o pimentão proporcionam uma combinação maravilhosa. Para um sabor mais picante, use uma pimenta jalapeña inteira.

**Rende 32 espetinhos**

**Para o molho:**

½ xícara (120 ml) de caldo de legumes

2 cebolinhas aparadas

1 colher (sopa) (17 g) de extrato de tomate

1 colher (sopa) (15 ml) de vinagre de maçã

2 colheres (chá) de maple syrup (xarope de bordo)

2 colheres (chá) de azeite de oliva

½ pimenta jalapeña sem sementes, ou mais a gosto

3 dentes de alho picados

1,3 cm de gengibre fresco, descascado

½ colher (chá) de sal marinho fino

½ colher (chá) de tomilho desidratado

½ colher (chá) de páprica doce

½ colher (chá) de cominho em pó

¼ de colher (chá) de pimenta-da-jamaica

¼ de colher (chá) de pimenta-do-reino

227 g de tempeh cozido no vapor, em cubos de 2,5 cm

**Para os espetinhos:**

32 palitos

2 rodelas grossas de cebola roxa (1,3 cm cada), cortadas em 16 pedaços

4 rodelas de abacaxi fresco (1,3 cm cada), cortadas em 8 pedaços

2 pimentões vermelhos médios, cortados em 16 pedaços de 2,5 cm

Óleo em spray para untar

**Para fazer o molho jerk:** Junte todos os ingredientes em um liquidificador e bata até obter uma mistura homogênea. Coloque os cubos de tempeh em uma fôrma quadrada de 23 cm. Despeje o molho batido sobre os cubos e mexa para cobrir uniformemente. Cubra e leve à geladeira por pelo menos 24 horas ou até 3 dias, virando ocasionalmente.

**Para fazer os espetinhos:** Escorra os cubos de tempeh e reserve a marinada de molho jerk. Coloque um pedaço de cebola, um cubo de tempeh, um pedaço de abacaxi e outro de pimentão em cada um dos 32 espetos.

Aqueça uma frigideira grill em fogo alto. Unte levemente com o óleo em spray.

Transfira os espetinhos para a frigideira e grelhe até marcar, por cerca de 5 minutos, regando com o molho jerk reservado. Vire para grelhar o outro lado, por cerca de 5 minutos, regando com molho novamente. Sirva quente, morno ou em temperatura ambiente.

PREPARE ANTES | RÁPIDO E FÁCIL

# WRAPS DE ALFACE BANH MI

Os sanduíches vietnamitas "banh mi" são um dos nossos favoritos, e não resistimos à tentação de apresentar sua versão como aperitivo. Frescos e deliciosamente crocantes, podem ser temperados como você preferir.

O recheio desta receita leva os Embutidos de Kimchi (p. 60), mas preparados de um modo diferente: omita o recheio e divida os rolos em 4 porções (cada um com cerca de 192 g), que deverão ser cozidos a vapor. Congele 3 para usar futuramente ou experimente incluir em algum prato de estilo asiático.

**Rende 36 a 45 wraps pequenos e 2½ xícaras (340 g) de recheio**

- 2 colheres (chá) de óleo vegetal
- ½ colher (chá) de óleo de gergelim torrado
- 1 rolo de Embutido de Kimchi (p. 60), cortado em cubos (veja na introdução acima)
- 1 colher (sopa) (15 ml) de tamari
- 1 xícara (76 g) de couve-chinesa ou acelga
- 2 colheres (sopa) (20 g) de cebola roxa picada
- 2 colheres (sopa) (14 g) de cenoura ralada
- ¼ a ⅓ de xícara (56 g a 74 g) de maionese vegana, a gosto
- 2 colheres (chá) de suco de limão fresco
- ½ colher (chá) de Sriracha, ou a gosto
- ½ xícara (52 g) de brotos de feijão-mungo, picados
- 1 colher (sopa) (1 g) de coentro fresco picado (opcional)
- 12 a 15 folhas de alface romana
- 10 cm de pepino descascado, se preferir, fatiado e cortado em quartos

Aqueça os óleos numa frigideira grande em fogo médio-alto. Adicione os cubos de embutido e frite, mexendo por 4 a 5 minutos, até dourar. Desligue o fogo e adicione o tamari, mexendo bem. Reserve para esfriar.

Junte a couve-chinesa, a cebola, a cenoura, a maionese, o suco de limão e a Sriracha em uma tigela média. Acrescente o embutido de kimchi quando estiver frio. Essa mistura pode ser coberta e levada à geladeira por até 24 horas. Ao servir, acrescente os brotos de feijão e o coentro, se usar, e prove para ajustar os temperos. Coloque 3 a 4 colheres (sopa) (27 g a 36 g) da mistura sobre cada folha de alface; a quantidade de recheio vai depender do tamanho das folhas. Corte em três ou quatro partes, dependendo do comprimento, e cubra cada uma com alguns pedaços de pepino.

PREPARE ANTES

# PASTEIZINHOS CHINESES

Adoramos o tempero de cinco especiarias chinesas. E adoramos tempeh. Junte esses dois em um pastelzinho e terá uma delícia bem-vinda a qualquer hora! Dispensamos a reverência, mas o molho é impressionante.

**Rende 24 pasteizinhos**

**Para o molho:**

- 3 colheres (sopa) (45 ml) de tamari
- 1 colher (sopa) (15 ml) de vinagre de arroz temperado
- ¼ de colher (chá) de Sriracha, a gosto

**Para os pasteizinhos:**

- 113 g de tempeh cozido no vapor, bem picado
- 1½ colher (sopa) (23 ml) de tamari
- ¼ de colher (chá) de cinco especiarias chinesas em pó
- 1 colher (sopa) (15 ml) de óleo vegetal, e mais um pouco para fritar
- 1 colher (chá) de óleo de gergelim torrado
- 2 dentes de alho picados
- ½ colher (chá) de gengibre fresco picado
- ⅛ de colher (chá) de pimenta-branca moída
- 1 xícara (76 g) de couve-chinesa ou acelga, picada
- 2 colheres (sopa) (20 g) de cebolinha picada, e mais um pouco para decorar
- 24 discos de wonton vegano
- ½ xícara (120 ml) de caldo de legumes

**Para fazer o molho:** Misture todos os ingredientes em uma tigela pequena. Reserve até servir. O molho pode ser feito com antecedência, coberto e levado à geladeira por até 4 dias.

**Para fazer os pasteizinhos:** Junte o tempeh com o tamari e as cinco especiarias. Deixe marinar por 1 hora em temperatura ambiente, ou por até 8 horas na geladeira. Aqueça os óleos numa frigideira grande em fogo médio. Adicione o tempeh reservado, o alho, o gengibre e a pimenta-branca. Refogue, mexendo de vez em quando, por 6 a 8 minutos, até dourar bem. Transfira para uma tigela média e deixe esfriar. Acrescente a couve-chinesa e a cebolinha. Prove e ajuste os temperos. Este recheio pode ser preparado com antecedência e armazenado na geladeira por até 24 horas.

Em porções de seis, espalhe os discos de wonton sobre a superfície de trabalho. Mantenha uma tigela pequena com água à mão. Coloque cerca de 2 colheres (chá) de recheio em cada disco. Molhe os dedos na água e dê batidinhas leves nas bordas internas dos discos. Dobre a massa e sele bem com os dedos. Cubra com um pano de prato levemente umedecido enquanto prepara o restante.

Preaqueça o forno a 150 °C.

Aqueça uma camada fina de óleo numa frigideira grande em fogo médio. Frite os pasteizinhos em porções, por 3 a 5 minutos, ou até as bordas e o fundo ficarem dourados. Vire para fritar o outro lado, por 2 a 4 minutos, até dourar. Transfira para uma travessa e mantenha-os no forno aquecido. Desligue o fogo e despeje 2 colheres (sopa) (30 ml) de caldo na frigideira. Deixe no calor residual até evaporar. Limpe a frigideira com papel-toalha e repita o procedimento para fritar os pasteizinhos restantes. Decore com a cebolinha e sirva com o molho.

PREPARE ANTES

# TORTINHAS DE BRÓCOLIS

Brócolis e macarrão em uma tortinha? Sim! E fique à vontade para servir este molho vermelho com outras receitas deste livro, como as Rodelas de Polenta (p. 64) e, especialmente, com as Sambusas (p. 94).

**Para o molho vermelho:**

¾ de xícara (135 g) de tomates picados

⅓ de xícara (49 g) de pimentão vermelho picado

3 colheres (sopa) (30 g) de chalotas picadas

2 dentes de alho picados

1 colher (chá) de gengibre fresco picado

1 colher (chá) de azeite de oliva

¼ de colher (chá) de canela em pó

¼ de colher (chá) de pimenta-de-caiena

1 colher (sopa) (15 ml) de vinagre tinto

1 colher (sopa) (15 ml) de água, ou mais

Sal e pimenta a gosto

**Para as tortinhas:**

Óleo em spray para untar

30 g de macarrão cabelo de anjo, picado

2 colheres (chá) de azeite de oliva

1 xícara (91 g) de brócolis picados

¼ de xícara (40 g) de cebola picada

2 colheres (sopa) (8 g) de tomates secos ao sol (sem conserva de óleo), picados

¼ de colher (chá) de endro desidratado

2 dentes de alho picados

Sal e pimenta a gosto

283 g de tofu extrafirme, esfarelado

¼ de xícara (60 ml) de leite vegano puro

1 colher (sopa) e mais 1 colher (chá) (11 g) de fermento nutricional

1 colher (sopa) e mais 1 colher (chá) (20 ml) de suco de limão-siciliano fresco

1 colher (sopa) de vinagre umeboshi

**Rende 22 tortinhas e ¾ de xícara (142 g) de molho**

**Para fazer o molho:** Junte todos os ingredientes numa panela pequena. Deixe ferver e baixe o fogo. Cozinhe por 10 minutos, mexendo ocasionalmente. Retire do fogo e bata em um liquidificador até obter uma mistura homogênea. Reserve para os sabores se incorporarem por pelo menos 30 minutos. Cubra e leve à geladeira por até 3 dias. Prove e ajuste os temperos ao servir. Sirva em temperatura ambiente.

**Para fazer as tortinhas:** Preaqueça o forno a 200 °C. Unte levemente uma fôrma para 22 minimuffins com o óleo.

Cozinhe o macarrão de acordo com as instruções da embalagem e escorra.

Aqueça o azeite, os brócolis, a cebola, os tomates secos e o endro numa frigideira grande em fogo médio. Refogue, mexendo de vez em quando, até que os brócolis fiquem macios, cerca de 3 minutos. Retire do fogo e adicione o alho. Tempere a gosto com sal e pimenta.

Bata o tofu, o leite, o fermento nutricional, o suco de limão e o vinagre em um liquidificador, até ficar homogêneo. Junte à mistura de brócolis e adicione o macarrão. Mexa bem. Coloque 1 colher (sopa) (20 g) da mistura em cada cavidade da fôrma untada. Bata levemente o fundo para alisar a superfície. Repita até que toda a mistura de tofu seja utilizada.

Asse por 25 a 30 minutos, até que a superfície esteja dourada e firme ao toque. Retire da fôrma e sirva quente, morno ou em temperatura ambiente.

PREPARE ANTES | RÁPIDO E FÁCIL

# FALÁFEL COM MOLHO PICANTE DE TAHINE

Para sermos um pouco mais precisas, nós poderíamos chamar esta receita de "bolinhos de faláfel". O molho de tahine à base de castanhas-de-caju é temperado com pasta de harissa (um molho de pimenta norte-africano) e forma o acompanhamento perfeito. Se sobrar molho, sirva com salada.

**Rende 18 bolinhos e ¾ de xícara (140 g) de molho**

**Para o molho picante de tahine:**

- ¼ de xícara (35 g) de castanhas-de-caju cruas
- 3 colheres (sopa) (45 ml) de caldo de legumes
- 2 colheres (sopa) (32 g) de tahine
- 2 colheres (sopa) (30 ml) de vinagre de arroz temperado
- 1 colher (sopa) (15 ml) de suco de limão
- 2 dentes de alho picados
- 1 colher (chá) de harissa, ou mais a gosto
- ½ colher (chá) de sal marinho fino

**Para o faláfel:**

- 250 g de grão-de-bico cozido e escorrido
- ¼ de xícara (40 g) de cebola roxa bem picada
- 3 colheres (sopa) (28 g) de pimentão verde bem picado
- 2 colheres (sopa) (30 ml) de suco de limão
- 1 colher (sopa) (4 g) de salsinha picada
- 2 dentes de alho picados
- 1 colher (chá) de cominho em pó
- 1 colher (chá) de coentro moído
- ½ colher (chá) de sal marinho fino
- ½ colher (chá) de pimenta-branca moída
- ¼ de xícara (31 g) de farinha de trigo
- Óleo vegetal para fritar

**Para fazer o molho:** Junte todos os ingredientes em um liquidificador e bata até obter uma mistura homogênea. Prove e ajuste os temperos. Sirva imediatamente, ou cubra e deixe na geladeira por até 4 dias.

**Para fazer o faláfel:** Coloque o grão-de-bico em um processador e pulse até moer, mas sem virar uma pasta. Transfira para uma tigela média e adicione a cebola, o pimentão, o suco de limão-siciliano, a salsinha, o alho, o cominho, o coentro, o sal e a pimenta. Mexa bem e use as mãos para amassar um pouco. Adicione a farinha e misture. A massa deve ficar maleável. Se precisar, adicione um pouco mais de farinha. Coloque 1 colher (sopa) generosa (20 g) de massa nas mãos e modele um bolinho levemente achatado, com cerca de 2,5 cm de diâmetro. Repita até obter 18 bolinhos.

Aqueça uma fina camada de óleo numa frigideira grande em fogo médio-alto. Frite os bolinhos em porções, até dourar levemente, por cerca de 4 minutos de cada lado. Deixe escorrer em um prato forrado com papel-toalha. Sirva quente, morno ou em temperatura ambiente.

PREPARE ANTES

# MINITACOS DE JACA VERDE

A "carne" de jaca não tem gosto, ela vai pegar o tempero que você escolher... Mas um detalhe importante para o preparo deste prato é usar uma jaca verde! Estes tacos são recheados com uma mistura deliciosa de jaca verde desfiada, cobertos com um cremoso Guacamole (p. 118) e Salsa de Tomate (p. 64).

**Rende 12 tacos**

- 1 colher (sopa) (15 ml) de fumaça líquida
- 1 colher (sopa) (15 ml) de tamari
- 1 colher (sopa) (15 ml) de maple syrup (xarope de bordo)
- 1 colher (chá) de alho em pó
- 1 colher (chá) de cebola em pó
- ⅛ a ¼ de colher (chá) de pimenta-do-reino moída, a gosto
- ⅛ a ¼ de colher (chá) de pimenta-de-caiena, a gosto
- ⅛ de colher (chá) de orégano desidratado ou ¼ de colher (chá) de manjericão desidratado
- ¼ de colher (chá) de Sal Cítrico de Tomilho (p. 24), sal marinho fino ou sal de aipo
- 3 raminhos de tomilho fresco
- 565 g de "carne" de jaca verde
- ¾ de xícara (180 ml) de caldo de legumes
- 1 colher (sopa) (15 ml) de azeite de oliva
- 200 g de mix de aipo e cenoura, em cubos
- 1 chalota picada
- 2 dentes de alho picados
- 12 tortilhas de milho ou de farinha (15 cm de diâmetro)
- Guacamole (p. 118), a gosto
- Salsa de Tomate (p. 64), a gosto

Junte a fumaça líquida, o tamari, o maple syrup, o alho em pó, a cebola em pó, as pimentas, o orégano, o sal, o tomilho, a jaca e o caldo em uma fôrma de 25 cm com tampa.

Aqueça o azeite numa frigideira. Refogue o aipo e a cenoura, a chalota e o alho em fogo médio até que os vegetais comecem a ficar tenros, cerca de 6 minutos. Adicione os legumes refogados à fôrma e misture. Tampe e deixe marinar de um dia para o outro na geladeira.

Preaqueça o forno a 170 °C. Coloque a fôrma no forno e asse por 1 hora. Retire a tampa e mexa. Use dois garfos para desfiar a jaca e retorne ao forno. Asse sem a tampa até que o líquido seja absorvido, por cerca de 30 minutos. Retire do forno e descarte o tomilho. Ajuste os temperos, se necessário. Mantenha quente enquanto as tortilhas são aquecidas.

Aqueça uma frigideira seca em fogo médio. Coloque as tortilhas na frigideira por cerca de 30 segundos de cada lado, até ficarem mornas e macias.

Recheie cada tortilha com ¼ de xícara (40 g) da mistura de jaca desfiada e cubra com uma porção de guacamole e de salsa fresca, a gosto. Dobre para fechar e sirva imediatamente.

PREPARE ANTES

# TAQUITOS DE LENTILHAS

Na próxima vez que você cozinhar lentilhas e purê de batatas, reserve um pouco para fazer estes taquitos crocantes. O recheio pode ser preparado no dia anterior; assim, tudo o que você precisa fazer no dia da festa é enrolar, assar e se deliciar.

**Rende 24 taquitos**

- 1 colher (sopa) (15 ml) de azeite de oliva
- ¼ de xícara (40 g) de cebola picada
- 2 dentes de alho picados
- 1 colher (sopa) (8 g) de pimenta vermelha suave, em pó
- 1½ colher (chá) de cominho em pó
- 1 colher (chá) de páprica defumada
- ¼ a ½ colher (chá) de pimenta-de-caiena, a gosto
- 3 colheres (sopa) (50 g) de ketchup orgânico ou extrato de tomate
- 1 xícara (235 ml) de leite vegano não adoçado
- ¼ de xícara e mais 2 colheres (sopa) (48 g) de fermento nutricional
- ½ colher (chá) de sal marinho fino
- 1½ colher (sopa) (23 ml) de vinagre de maçã
- 1 colher (sopa) (16 g) de tahine
- 1 colher (sopa) (1 g) de coentro fresco picado (opcional)
- ¾ de xícara (158 g) de purê de batatas
- 2 xícaras (330 g) de lentilhas verdes cozidas (al dente)
- 24 tortilhas de milho de 15 cm, aquecidas
- Óleo em spray ou azeite de oliva para pincelar
- Salsa de Tomate (p. 64), para servir

Aqueça o azeite e a cebola em uma caçarola grande de fundo reforçado, em fogo médio-alto. Refogue até a cebola ficar tenra, por cerca de 2 minutos. Abaixe o fogo e adicione o alho, a pimenta vermelha, o cominho, a páprica e a pimenta-de-caiena; cozinhe por 1 minuto. Adicione o ketchup, mexendo bem, e refogue por mais 1 minuto. Junte o leite, o fermento nutricional, o sal, o vinagre, o tahine, o coentro e o purê de batatas. Mexa bem. Acrescente as lentilhas e deixe ferver lentamente por 8 minutos, ou até engrossar. Deixe esfriar por 1 hora ou de um dia para o outro na geladeira, antes de montar os taquitos.

Preaqueça o forno a 200 °C. Tenha duas assadeiras grandes à mão. Espalhe 2 colheres (sopa) (35 g) de recheio no centro da tortilha e enrole firmemente, tomando cuidado para não deixar o recheio escapar pelas pontas. Repita com as tortilhas restantes. Unte-as com óleo em spray ambos os lados ou pincele generosamente com azeite.

Coloque os taquitos sobre as assadeiras, 12 em cada, com o lado da emenda para baixo. Asse por 15 a 20 minutos, até ficarem dourados e crocantes. Verifique após 10 minutos e, se perceber que os taquitos estão prestes a rachar, retire cuidadosamente as assadeiras do forno e borrife levemente os taquitos com o óleo ou pincele novamente com azeite. Sirva quente com Salsa de Tomate (p. 64).

PREPARE ANTES | RÁPIDO E FÁCIL

# CESTINHAS DE TACO COM FEIJÃO-PRETO

Nós nos apaixonamos por este método de fazer cestinhas de tortilha. Experimente, você também vai se apaixonar. Como são versáteis, solte sua imaginação. Tempere e invente seu próprio recheio. (Mas prove nossa versão primeiro, é claro.)

**Rende 12 cestinhas**

- 3 tortilhas de 20 cm
- Óleo em spray para untar
- ½ colher (chá) de sal defumado
- ½ xícara (86 g) de feijão-preto cozido
- ½ xícara (52 g) de pepino bem picado
- 1 colher (sopa) (9 g) de pimentão vermelho ou amarelo picado
- 1 colher (sopa) (10 g) de cebola roxa bem picada
- 1 colher (chá) de coentro fresco, ou mais a gosto
- ½ colher (chá) de pimenta chipotle em molho adobo, ou mais a gosto
- 1 colher (sopa) (15 ml) de vinagre de vinho tinto
- Sal e pimenta a gosto
- ½ abacate cortado em cubos
- Suco de ½ limão-siciliano fresco

Preaqueça o forno a 200 °C.

Usando um cortador circular de 8 cm, corte 4 discos de cada tortilha. Unte levemente um dos lados de cada disco com óleo em spray e salpique uniformemente com sal defumado. Usando duas fôrmas de 12 muffins viradas para baixo, enfie um disco (com o lado salpicado para cima) entre quatro saliências, virando as bordas para cima, formando uma cestinha. Repita até que todos os discos sejam usados. Asse por 6 minutos, ou até que as bordas estejam levemente douradas. Deixe esfriar sobre uma grade. As cestinhas podem ser guardadas em um recipiente hermético por 3 dias antes de usar.

Junte o feijão, o pepino, o pimentão, a cebola e o coentro em uma tigela pequena. Com um pilão, bata a chipotle no vinagre até amolecer. Despeje sobre a mistura de feijão e mexa bem. Prove e ajuste os temperos. Coloque cerca de 1 colher (sopa) (12 g) de recheio em cada cestinha. Misture o abacate com o suco de limão e tempere com sal e pimenta. Espalhe alguns pedaços em cada cestinha. Sirva imediatamente.

### SUGESTÕES E VARIAÇÕES PARA SERVIR

Para um sabor mais picante, adicione à mistura de feijão 1 colher (sopa) (9 g) de pimenta jalapeña picada.

### DICA

As aparas que sobraram das tortilhas podem ser cortadas em tiras, untadas com óleo em spray, colocadas em uma fôrma e assadas. Use no lugar de croûtons em saladas ou sopas.

PREPARE ANTES

# TORTINHAS DE HOMUS DE PIMENTÃO

Uma de nossas maneiras favoritas de temperar (e colorir) o homus é adicionar pimentões vermelhos assados. É o que escolhemos como recheio para estas saborosas tortinhas, mas você pode usar o seu favorito, ou o nosso Homus de Grão-de-Bico Defumado (p. 20), e decorá-lo a gosto.

**Rende 10 tortinhas**

**Para o recheio de homus:**

- 250 g de grão-de-bico cozido e escorrido
- ¼ de pimentão vermelho assado (cerca de 28 g)
- 2 dentes de alho picados
- 1 colher (sopa) (9 g) de alcaparras escorridas, e um pouco mais para decorar
- 1 colher (sopa) (4 g) de tomates secos ao sol (sem conserva de óleo)
- ¼ a ½ colher (chá) de pimenta vermelha em flocos, a gosto
- 2 colheres (sopa) (30 ml) de azeite de oliva extravirgem
- 1 colher (sopa) (15 ml) de suco de limão-siciliano fresco

**Para as bases:**

- Óleo em spray para untar
- 1¼ xícara (150 g) de farinha de trigo integral
- ½ colher (chá) de sal marinho fino
- 2 colheres (chá) de caldo de cana evaporado (veja em Glossário, p. 11)
- ¼ de xícara (60 ml) de azeite de oliva ou óleo vegetal
- ⅓ de xícara (80 ml) de leite vegano não adoçado, conforme necessário

Manjericão ou salsinha fresca picada, para decorar

**Para fazer o recheio:** Junte todos os ingredientes em um processador e acione a tecla pulsar algumas vezes. Pare o processador, raspe as laterais com uma espátula de silicone e bata até ficar granuloso. Guarde em um recipiente hermético e deixe na geladeira por 2 horas, ou de um dia para o outro, para que os sabores se incorporem.

**Para fazer as bases:** Preaqueça o forno a 180 °C. Unte levemente com o óleo em spray 10 forminhas individuais de 8 cm. Coloque a farinha, o sal, o caldo de cada evaporado e o azeite em um processador. Pulse algumas vezes para misturar. Adicione o leite conforme necessário, 1 colher (sopa) (15 ml) de cada vez, até que os farelos de massa estejam úmidos o suficiente para grudar facilmente quando pressionados. Coloque 1 colher (sopa) (24 g) da massa em cada forminha untada e pressione bem, começando pelo fundo e deslizando para cima até cobrir as bordas. Leve ao forno por 16 minutos, ou até dourar nas bordas. Deixe esfriar por 15 minutos e desenforme cuidadosamente as bases para que esfriem completamente sobre uma grade.

Coloque 2 colheres (sopa) (38 g) de recheio em cada base e use uma espátula de confeiteiro para alisar o topo. Decore com alcaparras e ervas frescas, se desejar. Sirva imediatamente ou deixe na geladeira até o momento de servir. É melhor rechear as bases pouco antes de servir, ou até 2 horas antes.

Guarde as sobras de recheio em um recipiente hermético na geladeira por até 4 dias, e as sobras de bases em um recipiente hermético, em temperatura ambiente, por até 2 dias.

# TORTINHAS CREMOSAS DE ALHO-PORÓ

O sabor das ervas frescas e a textura cremosa do recheio em contraste com a base crocante faz destas pequenas tortas uma verdadeira iguaria, irresistível para quem prova. Tem tudo para ser amor à primeira mordida!

**Rende 24 tortinhas**

**Para o recheio:**

1 xícara (260 g) de Pasta de Amêndoas e Castanhas-de-Caju (p. 121)

1 a 2 dentes de alho, a gosto

¼ de colher (chá) de Sal Cítrico de Tomilho (p. 24) ou sal marinho fino

2 colheres (sopa) (6 g) de cebolinha-francesa fresca picada

1 colher (sopa) (4 g) de salsinha fresca picada

¾ de colher (chá) de cebola em pó

200 g de alho-poró aparado e picado, bem lavado e escorrido

½ xícara (120 ml) de caldo de legumes

2 colheres (sopa) (30 g) de mostarda de Dijon suave

Sal e pimenta a gosto

**Para as bases:**

Óleo em spray para untar

1½ xícara (180 g) de farinha de trigo integral

½ colher (chá) rasa de Sal de Laranja e Alecrim (p. 24) ou sal marinho fino

3 colheres (sopa) (45 ml) de óleo vegetal

¼ de xícara, e mais 2 colheres (sopa) (90 ml) de leite vegano não adoçado, conforme necessário

**Para fazer o recheio:** Junte a pasta de amêndoas, 1 dente de alho, o sal, a cebolinha-francesa, a salsinha e a cebola em pó em um processador. Bata até obter uma mistura homogênea e ajuste a quantidade de alho e sal a gosto. Reserve.

Junte o alho-poró, o caldo de legumes e a mostarda em uma panela média. Deixe ferver, abaixe o fogo, tampe e cozinhe até o legume ficar tenro, por cerca de 8 minutos. Adicione a mistura reservada ao alho-poró, mexa e retire do fogo. Tempere com sal e pimenta a gosto e reserve.

**Para fazer as bases:** Preaqueça o forno a 180 °C. Unte levemente uma fôrma para 24 muffins com o óleo em spray. Coloque a farinha, o sal e o óleo em um processador. Pulse algumas vezes para misturar. Adicione 2 colheres (sopa) (30 ml) do leite, pulse novamente e, em seguida, adicione o ¼ de xícara (60 ml) restante de leite conforme necessário, 1 colher (sopa) (15 ml) de cada vez, até que os farelos de massa grudem facilmente quando pressionados. Coloque 1½ colher (chá) de massa em cada fôrma de muffin, pressionando contra o fundo e as bordas.

Adicione 2 colheres (chá) generosas de recheio a cada base, alisando os topos. Aproveite as sobras; o recheio fica delicioso servido em temperatura ambiente ou até mesmo frio com pão. (Guarde as sobras na geladeira em recipiente hermético, se não forem usadas de imediato.)

Asse por 22 minutos, ou até que a superfície esteja firme e levemente dourada. Retire da fôrma, transfira para uma grade e sirva morno ou em temperatura ambiente. As sobras podem ser guardadas em recipiente hermético na geladeira por 2 dias e reaquecidas no forno a 170 °C, por cerca de 15 minutos.

# TORTINHAS DE TOMATE

Uma base crocante de cereais integrais, recheada de espinafre, manjericão e tofu, tudo coberto com uma cereja... ou melhor, tomate-cereja. Estas tortinhas somem da mesa em qualquer festa.

**Rende 24 tortinhas**

**Para as bases:**

- Óleo em spray para untar
- 2 xícaras (240 g) de farinha de trigo integral
- ½ colher (chá) de sal marinho fino
- ¼ de xícara e mais 2 colheres (sopa) (90 ml) de azeite de oliva
- ¼ de xícara e mais 2 colheres (sopa) (90 ml) de água fria

**Para o recheio:**

- ½ xícara (20 g) cheia de folhas de espinafre
- ¼ de xícara (10 g) cheia de folhas de manjericão
- 2 colheres (sopa) (18 g) de castanhas-de-caju cruas
- 2 colheres (sopa) (20 g) de cebola picada
- 1 colher (sopa) e mais 1 colher (chá) (11 g) de fermento nutricional
- Suco de 1 limão-siciliano fresco
- 227 g de tofu extrafirme, escorrido, espremido e esfarelado
- ½ xícara (120 ml) de leite vegano não adoçado
- ½ colher (chá) de sal marinho fino
- Uma pitada de pimenta-do-reino moída
- 12 tomates-cereja cortados ao meio

Preaqueça o forno a 200 °C. Unte levemente uma fôrma para 24 minimuffins com o óleo em spray.

**Para fazer as bases:** Junte a farinha e o sal em uma tigela média. Despeje o azeite e mexa com um garfo para obter uma textura de farelos. Adicione a água, 1 colher (sopa) (15 ml) por vez, misturando com o garfo até formar uma massa. Coloque 2 colheres (chá) generosas de massa na mão e faça uma bola. Coloque em uma das cavidades da fôrma de muffins e pressione para alisar. Repita até a massa acabar.

**Para fazer o recheio:** Coloque o espinafre, o manjericão e as castanhas-de-caju em um processador. Bata até picar bem. Adicione a cebola, o fermento nutricional e o suco de limão; pulse novamente. Adicione o tofu, o leite, o sal e a pimenta. Bata até obter uma mistura homogênea. Encha cada base de massa com cerca de 2 colheres (chá) de recheio, até acabar. Cubra cada uma com a metade de um tomate-cereja com o lado cortado virado para baixo e asse por 25 a 30 minutos. A superfície das tortinhas deve ficar dourada e a base crocante. Sirva quente ou em temperatura ambiente.

PREPARE ANTES

# CONCHAS RECHEADAS DE TOFU

O tofu é temperado com o mais querido dos ingredientes veganos — fermento nutricional —, além de outros condimentos saborosos, antes de ser misturado a aspargos assados e saborosos corações de alcachofra, para preparar esta variação incrível da salada de tofu. Não resistimos ao impulso de adicionar rúcula picante (sempre!), para realmente extrapolar com esta receita. Com ela você terá um fabuloso antepasto.

**Rende 14 a 18 conchas**

- Óleo em spray para untar
- 1 colher (sopa) (8 g) de fermento nutricional
- 1 colher (sopa) (15 ml) de tamari
- 1 colher (sopa) (15 ml) de azeite de oliva
- 1 colher (sopa) (15 ml) de fumaça líquida
- 1 colher (sopa) (15 ml) de vinho tinto seco vegano
- ½ colher (chá) de maple syrup (xarope de bordo)
- ½ colher (chá) de alho em pó
- Sal e pimenta a gosto
- 454 g de tofu extrafirme, escorrido, espremido e cortado em cubos de 6 mm
- 6 talos de aspargos tostados, em pedaços de 6 mm
- 3 colheres (sopa) (30 g) de cebolinha picada
- 4 corações de alcachofra picados
- 2 colheres (sopa) (8 g) de tomates secos ao sol (sem conserva de óleo), picados
- 1 colher (sopa) (9 g) de alcaparras picadas
- 1 xícara (40 g) de folhas de rúcula baby, picada
- ¼ de xícara (11 g) de manjericão fresco picado
- 2 colheres (sopa) (30 ml) de vinagre de vinho tinto
- Uma pitada de pimenta vermelha em flocos
- 2 colheres (sopa) (28 g) de maionese vegana, ou mais a gosto
- 14 a 18 conchas de macarrão vegano (*conchigliones*), cozidas al dente

Preaqueça o forno a 200 °C. Unte levemente uma assadeira grande com o óleo em spray.

Em uma tigela média, junte o fermento nutricional, o tamari, o azeite, a fumaça líquida, o vinho, o maple syrup, o alho em pó e uma pitada generosa de sal e pimenta. Adicione o tofu, mexa bem e espalhe os cubos na assadeira. Asse por 30 a 35 minutos, até dourar e ficar com textura firme. Deixe esfriar.

Misture o tofu, os aspargos, a cebolinha, os corações de alcachofra, os tomates secos, as alcaparras, a rúcula, o manjericão, o vinagre, a pimenta vermelha em flocos e a maionese. Prove e ajuste os temperos. Se desejar, o recheio pode ser feito com antecedência e guardado em um recipiente hermético na geladeira por até 2 dias. Se necessário, umedeça com mais maionese para facilitar a montagem.

Encha cada concha com cerca de 2 colheres (sopa) (34 g) de recheio. Sirva em temperatura ambiente.

PREPARE ANTES | SEM GLÚTEN

# PALITOS DE POLENTA COM MOLHO DE ABACATE

Preparar a polenta para fazer os palitos pode levar só um tantinho de tempo a mais do que comprá-la pronta no supermercado, mas a principal vantagem é que você pode temperar a massa como quiser. Prepare-se para ver todos babando, inclusive as crianças (que adoram!).

**Rende cerca de 64 palitos e 1¼ xícara (273 g) de molho**

**Para os palitos:**

- 2 xícaras (470 ml) de leite vegano não adoçado
- 2 xícaras (470 ml) de caldo de legumes
- 2 colheres (sopa) (15 g) de fermento nutricional
- ½ colher (chá) generosa de Sal Cítrico de Tomilho (p. 24) ou sal marinho fino
- 2 dentes de alho amassados
- 2 xícaras (240 g) de fubá de moagem média (de preferência orgânico)
- 2 colheres (sopa) (15 g) de farinha de milho (de preferência orgânica)
- Óleo em spray para untar
- ¼ de xícara (60 ml) de azeite de oliva para pincelar e untar

**Para fazer os palitos de polenta:** Junte o leite, o caldo de legumes, o fermento nutricional, o sal e o alho em uma panela grande e deixe ferver. Reduza o fogo e adicione lentamente o fubá e a farinha de milho, mexendo sempre. Reduza o fogo para médio-baixo. Com uma colher de pau, mexa a polenta quase sem parar por 15 minutos, ou até que esteja tão espessa que, ao passar a colher pelo seu centro, forme um sulco. Os tempos de cozimento variam dependendo do tipo de fubá usado, por isso siga as instruções na embalagem. Ajuste a temperatura, se necessário, para evitar queimar. Retire do fogo.

Unte levemente com o óleo em spray uma fôrma quadrada de 20 cm e espalhe a polenta de modo uniforme, alisando com uma espátula angular. Reserve sem cobrir.

Depois de esfriar em temperatura ambiente, cubra a fôrma e conserve na geladeira por pelo menos 2 horas, ou de um dia para o outro.

Preaqueça o forno a 220 °C. Unte levemente uma assadeira grande com azeite.

Desenforme a polenta e corte em tiras de 10 cm x 1,3 cm. Pincele-as com azeite e disponha na assadeira untada mantendo um espaçamento uniforme entre elas. Tempere com sal a gosto antes de assar.

Leve ao forno por 20 minutos, vire os palitos e asse por mais 15 a 20 minutos, ou até ficarem dourados e crocantes. Enquanto os palitos de polenta assam, prepare o molho.

**Para o molho dip:**

1 abacate maduro, grande (ou 2 pequenos)

1 colher (sopa) (15 ml) de suco de limão fresco

¼ de xícara (60 g) de iogurte vegano não adoçado ou 56 g de maionese vegana

2 colheres (sopa) (20 g) de cebola roxa picada

2 colheres (sopa) (8 g) de folhas de salsinha fresca

1 ou 2 dentes de alho amassados, a gosto

¼ de colher (chá) de cominho em pó

Sal e pimenta a gosto

**Para fazer o molho dip:** Coloque todos os ingredientes em um processador e bata o suficiente para misturar, parando uma vez para raspar as laterais da jarra com uma espátula de silicone, e obter um molho granuloso. Retire do processador e conserve em um recipiente hermético na geladeira até servir. Melhor servir em 1 ou 2 dias, para evitar que o abacate escureça pela oxidação.

**DICAS**

- Se desejar assar os palitos em porções, mantenha as sobras de polenta sem cortar, embrulhe firmemente em plástico filme e deixe na geladeira por até 3 dias. Asse o restante quando desejar.
- Se você quiser uma porção maior de molho de abacate, esta receita pode ser facilmente dobrada.

PREPARE ANTES | SEM GLÚTEN

# ROLINHOS À MODA TAILANDESA

Embora pareçam difíceis de fazer, estes lindos rolinhos são realmente muito simples! As tradicionais massas de rolinho primavera são quase translúcidas, por isso aproveite e cubra os recheios com um ramo de coentro. É o toque ideal para a nossa inspiração tailandesa.

**Rende 8 rolinhos**

**Para o tofu:**

- 3 colheres (sopa) (45 ml) de tamari
- 1 colher (sopa) (15 ml) de óleo de gergelim
- 1 colher (sopa) (15 ml) de maple syrup (xarope de bordo)
- ½ colher (chá) de cebola em pó
- ½ colher (chá) de alho em pó
- ½ colher (chá) de gengibre em pó
- 227 g de tofu extrafirme, escorrido, espremido e cortado em fatias de 6 mm
- 1 colher (sopa) (15 ml) de óleo vegetal

**Para os rolinhos:**

- 1 xícara (104 g) de pepino picado
- ¼ de xícara e mais 2 colheres (sopa) (42 g) de cenoura ralada
- ¼ de xícara e mais 2 colheres (sopa) (60 g) de cebolinhas picadas
- 2 colheres (sopa) (30 ml) de vinagre de arroz temperado
- 8 discos de 20 cm de massa para rolinhos primavera
- 8 folhas de coentro fresco
- ½ xícara (52 g) de brotos de feijão-mungo
- Um punhado generoso de macarrão de arroz cozido al dente

**Para o molho:**

- 2 colheres (sopa) (32 g) de creme de amendoim natural
- 2 colheres (sopa) (30 ml) de tamari
- 2 colheres (sopa) (30 ml) de vinagre de arroz

Preaqueça o forno a 200 °C.

**Para fazer o tofu:** Junte 2 colheres (sopa) (30 ml) de tamari, o óleo de gergelim, o maple syrup, a cebola e o alho em pó e o gengibre em uma assadeira quadrada de 20 cm. Adicione o tofu, mexendo bem, e leve ao forno por 15 minutos. Vire e asse por mais 15 minutos até o tofu dourar. Isso pode ser feito com antecedência, e o tofu assado pode ser mantido na geladeira por até 3 dias, antes de montar os rolinhos.

Para montar os rolinhos, corte as fatias de tofu assado em tiras de 6 mm. Aqueça o óleo numa frigideira em fogo médio e frite as tiras de tofu por 4 a 5 minutos, até ficarem crocantes. Adicione o restante de tamari (15 ml), e mexa por 3 a 5 minutos, até o tofu absorver todo o molho.

**Para fazer os rolinhos:** Misture o pepino, a cenoura, a cebolinha e o vinagre em uma tigela pequena. Demolhe um disco de massa, seguindo as instruções da embalagem. Coloque uma folha de coentro no centro da massa, adicione cerca de 2 colheres (sopa) (26 g) da mistura de pepino, 4 a 5 tiras de tofu, 8 a 10 brotos de feijão-mungo e ⅛ do macarrão de arroz. Sobreponha as bordas de cima e de baixo da massa e enrole pelas laterais. Repita com o restante dos ingredientes até formar os 8 rolinhos.

**Para fazer o molho:** Misture todos os ingredientes em uma tigela pequena. Sirva com os rolinhos.

PREPARE ANTES | SEM GLÚTEN

# ROLINHOS DE ARROZ DE SUSHI E TEMPEH

Nossa equipe de provadores enfrentou o mesmo problema que tivemos ao preparar esta receita: é difícil parar de beliscar o arroz com tempeh durante a montagem dos rolinhos! Tente reservar o suficiente de cada ingrediente para ter o que servir aos seus convidados. (Ao menos, verifique se sua geladeira está abastecida com palitos de legumes e molhos, caso você não consiga se conter.)

**Rende 16 rolinhos, 1 xícara (224 g) de molho de sushi**

**Para o arroz:**

- 1 xícara (208 g) de arroz de sushi, bem enxaguado e escorrido
- 1¼ xícara (295 ml) de água
- 1 colher (sopa) (15 ml) de suco de limão-siciliano fresco
- 1 colher (chá) de óleo de gergelim torrado
- 1 colher (chá) de Sriracha
- 1 colher (chá) de tamari
- 1 colher (chá) de xarope de agave claro ou xarope de arroz integral
- 1 colher (sopa) (8 g) de sementes de gergelim preto

**Para o tempeh:**

- 227 g de tempeh
- Óleo em spray para untar
- 2 colheres (sopa) (30 ml) de tamari
- 1 ou 2 dentes de alho amassados, a gosto
- 2 colheres (sopa) (30 ml) de vinagre de arroz temperado
- 1 colher (chá) de gengibre em pó

**Para fazer o arroz:** Junte o arroz e a água em uma panela elétrica de arroz, tampe e deixe cozinhar até que a água seja absorvida, sem destampar.

Enquanto o arroz cozinha, misture os demais ingredientes em uma tigela grande. Reserve.

Deixe o arroz descansar por 10 minutos na panela tampada. Adicione com cuidado o arroz cozido à mistura reservada e deixe esfriar antes de usar. Se preparar esta etapa um dia antes, cubra e guarde na geladeira até o momento de usar.

**Para fazer o tempeh:** Unte levemente com o óleo em spray o pedaço inteiro de tempeh. Coloque numa frigideira quente, baixe o fogo para temperatura média e doure, por cerca de 5 minutos de cada lado. Retire do fogo, coloque sobre uma grade e deixe esfriar por alguns minutos. Junte os demais ingredientes em uma tigela média. Corte o tempeh em cubos de 1,3 cm, adicione à marinada e mexa bem. Leve à geladeira por 1 hora, ou de um dia para o outro.

**Para fazer o molho de sushi:** Junte a maionese, a Sriracha e o óleo de gergelim em uma tigela média. Cubra e leve à geladeira até a hora de servir.

Mergulhe as massas de rolinho primavera, um disco por vez, em água morna para amolecer. Deixe de molho por alguns segundos, até ficar maleável. Manuseie com cuidado porque a massa rasga facilmente. Seque delicadamente com papel-toalha antes de enrolar.

**Para o molho de sushi:**

1 xícara (224 g) de maionese vegana

1 colher (sopa) (15 ml) de Sriracha, ou mais se desejar

1 colher (chá) de óleo de gergelim torrado

16 discos de 20 cm de massa para rolinho primavera

32 palitos finos de pimentão vermelho com 8 cm de comprimento

32 palitos finos de pepino com 8 cm de comprimento

**Para montar os rolinhos:** Coloque 2 colheres (sopa) cheias (30 g) de arroz em cada disco umedecido de massa. Adicione 3 cubos de tempeh sobre o arroz e coloque 2 palitos de pimentão (um de cada lado). Repita com o pepino. Use os palitos de vegetais para apoiar enquanto enrola os discos firmemente. Repita com o restante dos rolinhos até os ingredientes acabarem. Cubra com filme plástico e deixe na geladeira até servir. Tenha cuidado ao separar os rolinhos: as massas podem grudar um pouco umas nas outras, mas não irão rasgar se forem afastadas devagar. Os rolinhos duram até 2 dias na geladeira, em recipiente tampado.

**DICAS**

- Tenha massa extra de rolinho à mão, caso alguma rasgue e precise ser substituída.
- Se não tiver uma panela elétrica de arroz, use seu método preferido de cozimento e siga as instruções da embalagem para obter o melhor resultado.
- Se não tiver maionese vegana e quiser preparar um substituto apropriado, veja a seguir. Misture (em um processador ou liquidificador) até obter uma massa perfeitamente lisa: 340 g de tofu macio ou firme, 60 ml (¼ de xícara) de óleo vegetal, 2 colheres (sopa) (30 ml) de suco de limão-siciliano fresco e ½ colher (chá) de sal marinho fino. Acréscimos opcionais: 1 ou 2 dentes de alho e pimenta-do-reino moída na hora, a gosto. Guarde em recipiente hermético na geladeira por até 1 semana.

PREPARE ANTES

# ROLINHOS DE VEGETAIS

É isto que acontece quando culturas se fundem: o chucrute se encontra com as especiarias indianas do jeito mais maravilhoso. Sirva esta receita com o Chutney de Maçã e Cebola Roxa (p. 56). Tanto o recheio como a massa podem ser preparados com antecedência e mantidos na geladeira, deixando ainda mais fácil surpreender seus convidados com estes rolinhos.

**Rende 8 rolinhos**

1 colher (sopa) (15 ml) de azeite de oliva
2 colheres (sopa) (20 g) de chalota picada
½ colher (chá) de garam masala
½ colher (chá) de cominho em pó
½ colher (chá) de curry em pó suave ou picante, a gosto
½ colher (chá) de sementes de mostarda escura
½ colher (chá) de gengibre fresco picado
1 dente de alho picado
2 batatas asterix (pouco menos de 160 g cada), cozidas e picadas
⅓ de xícara (42 g) de cenoura picada
½ xícara (71 g) de chucrute escorrido
Sal e pimenta a gosto
Farinha de trigo para polvilhar
1 receita de Massa para Frituras (p. 100)
Óleo vegetal para fritar

Aqueça o azeite numa frigideira grande em fogo médio. Adicione a chalota, a garam masala, o cominho, o curry e a mostarda. Refogue, mexendo bem por 2 a 3 minutos, até liberar o aroma.

Acrescente o gengibre e o alho e refogue por mais 2 minutos. Junte as batatas, a cenoura e o chucrute e mexa por mais 5 minutos. Tempere a gosto com sal e pimenta.

Enfarinhe levemente uma assadeira. Divida a massa em 8 partes iguais. Polvilhe com farinha a superfície de trabalho. Com um rolo, abra cada pedaço de massa em um quadrado de 14 cm. Deixe uma das pontas virada em sua direção. Divida o recheio por igual entre os rolinhos — cerca de 3 colheres (sopa) ou 45 g em cada — colocando no centro da massa. Dobre para cima a ponta voltada em sua direção e depois as duas pontas laterais para dentro, sobre o recheio. Enrole em direção à ponta superior, selando com firmeza. Coloque na assadeira.

Aqueça 2,5 cm de óleo numa frigideira em fogo alto. Teste a temperatura do óleo mergulhando a ponta de um rolinho. Deve chiar e borbulhar. Cuidado: pode espirrar. Frite os rolinhos até ficarem dourados, por cerca de 3 minutos de cada lado. Escorra em um prato forrado com papel-toalha. Sirva imediatamente.

**SUGESTÕES E VARIAÇÕES PARA SERVIR**

Para preparar um Molho Mil Ilhas simples, porém fantástico, misture ⅓ de xícara (74 g) de maionese vegana, 2 colheres (sopa) (33 g) de ketchup orgânico e 1 colher (chá) de mostarda de Dijon. Adicione 1 colher (sopa) (10 g) de cebola picada e 1 colher (sopa) (15 g) de picles picados. Misture bem e adicione o molho Sriracha a gosto.

PREPARE ANTES

# ROLINHOS CHINESES SEM OVOS

Mesmo quando pedimos uma boa comida chinesa em casa, nem sempre temos o acompanhamento dos rolinhos. Estamos aqui para mudar isso! Estes rolinhos tradicionais (sem ovos) são recheados de legumes dourados e crocantes. Tudo pode ser preparado na véspera e mantido na geladeira — depois, é só montar, fritar e vê-los desaparecer.

**Rende 8 rolinhos**

**Para o molho:**

2 colheres (sopa) (33 g) de ketchup orgânico
1 colher (sopa) (15 ml) de tamari
2 colheres (chá) de vinagre de arroz
1 colher (chá) de Sriracha, ou mais a gosto
1 colher (chá) de mostarda moída

**Para os rolinhos:**

227 g de tofu extrafirme, escorrido, espremido e cortado em cubos de 1 cm
2 colheres (sopa) (30 ml) de tamari
1 colher (sopa) (15 ml) de caldo de legumes
½ colher (chá) de tempero para aves
½ colher (chá) de óleo de gergelim picante
2 colheres (chá) de óleo vegetal
2 xícaras (152 g) de acelga finamente fatiada
⅓ de xícara (37 g) de cenoura ralada
¼ de xícara (24 g) de ervilhas-tortas picadas
2 colheres (sopa) (20 g) de cebolinha picada
1 colher (sopa) (15 ml) de vinagre de arroz
3 dentes de alho picados
1 colher (chá) de gengibre fresco picado
½ xícara (42 g) de brotos de feijão picados
¼ de xícara (35 g) de castanhas portuguesas cozidas, picadas
Farinha de trigo para enrolar
1 receita de Massa para Frituras (p. 100)
Óleo vegetal para fritar

**Para fazer o molho:** Junte o ketchup, o tamari, o vinagre de arroz, a Sriracha e a mostarda em uma tigela pequena. O molho pode ser coberto e mantido na geladeira por até 3 dias.

**Para fazer os rolinhos:** Misture o tofu, o tamari, o caldo, o tempero e o óleo de gergelim picante em uma fôrma de 20 cm. Deixe marinar por 30 minutos. Aqueça o óleo vegetal numa frigideira em fogo alto. Adicione o tofu e refogue, mexendo até dourar, por cerca de 10 minutos. Passe para uma tigela média.

Adicione a acelga, a cenoura, as ervilhas-tortas e a cebolinha à frigideira. Refogue até a acelga murchar, cerca de 3 minutos. Coloque o vinagre, o alho e o gengibre. Refogue por mais 2 minutos, até liberar o aroma, e junte ao tofu. Deixe esfriar. Este recheio pode ser preparado com antecedência, coberto e mantido na geladeira por até 24 horas. Adicione os brotos de feijão e as castanhas na montagem.

Enfarinhe levemente uma assadeira. Abra a massa, recheie e frite os rolinhos como indicado na receita de Rolinhos de Vegetais (p. 92). Sirva com o molho.

**DICA**

O truque desta receita (e dos Rolinhos de Vegetais da p. 92) é abrir a massa o mais finamente possível, para que os rolinhos cozinhem por dentro, porém não tão finamente que deixe o recheio escapar.

# SAMBUSAS

As lentilhas são sempre um sucesso, mas quando temperadas com especiarias etíopes e envoltas com massa para fritar, elas realmente superam as expectativas. Há uma certa semelhança das palavras sambusa e samosa, e não é à toa: as sambusas são a versão etíope das samosas indianas.

**Rende 20 sambusas**

- ½ xícara (96 g) de lentilhas marrons
- 1 colher (sopa) (15 ml) de azeite de oliva
- ¼ de xícara mais 2 colheres (sopa) (60 g) de cebola picada
- 2 dentes de alho picados
- ½ colher (chá) de gengibre fresco picado
- ½ colher (chá) de cominho em pó
- ⅛ de colher (chá) de cardamomo em pó
- ⅛ de colher (chá) de açafrão
- ⅛ de colher (chá) de pimenta-de-caiena
- ¼ de colher (chá) de sal marinho fino, ou mais a gosto
- Farinha de trigo para polvilhar
- 1 receita de Massa para Frituras (p. 100)
- Óleo vegetal para fritar
- Molho Vermelho (p. 72), para servir

Coloque as lentilhas em uma panela média e cubra com água até ficar 8 cm acima dos grãos. Deixe ferver e cozinhe até ficarem tenras, por 25 a 30 minutos. Escorra.

Aqueça o azeite, a cebola, o alho, o gengibre, o cominho, o cardamomo, o açafrão, a pimenta-de-caiena e o sal numa frigideira média em fogo médio. Refogue por cerca de 3 minutos, até liberar o aroma, tomando cuidado para não queimar o alho. Retire do fogo e adicione as lentilhas, amassando com um garfo para criar uma textura granulosa. Prove e ajuste os temperos.

Polvilhe levemente uma assadeira com farinha. Sobre uma superfície também enfarinhada, abra a metade da massa com menos de 3 mm de espessura. Corte em quadrados de 7,5 cm. Recheie cada quadrado com 2 colheres (chá) de lentilhas. Dobre formando um triângulo e aperte as bordas para selar. A massa deve estar úmida o suficiente para grudar; caso contrário, molhe os dedos para fazer a selagem. Coloque na assadeira. Repita até que toda a massa seja usada; a receita deve render 20 sambusas.

Aqueça 2,5 cm de óleo numa frigideira funda a 190 °C. Frite as sambusas em porções até dourar, por cerca de 4 minutos. Vire, se necessário, para dourar o outro lado, por cerca de 3 minutos. Escorra em um prato forrado com papel-toalha. Sirva quente ou em temperatura ambiente com o molho.

CAPÍTULO

4

# Canapés

## Porque os bem-aventurados pedacinhos de pão e quitutes do gênero formam as comidinhas mais deliciosas!

Não vamos negar: amamos carboidratos na forma de pães, biscoitos, bolachas e afins. Esperamos que você também (neste caso, você chegou no capítulo perfeito), e acreditamos que não há vergonha nenhuma nisso. Ninguém come esse tipo de comida com garfo e faca (mas, se for o seu caso, mais poder para você!), o que faz deles os mais evidentes e criativamente ilimitados petiscos do planeta. Não se importe se fizermos isso.

PREPARE ANTES | SEM GLÚTEN

# PASTA DE BERINJELA ASSADA

Adoramos a simplicidade rústica desta pasta para passar no pão. Mas, se você quiser sofisticar um pouco a receita, adicione 2 colheres (sopa) (8 g) de tomates secos ao sol (sem conserva de óleo) picados, ou 13 g de azeitonas pretas picadas na hora de servir.

**Rende 1½ xícara (276 g)**

- Óleo em spray para untar
- 1 berinjela média (pouco menos de 385 g), aparada, descascada e cortada em cubos de 2,5 cm
- 3 alhos-porós, somente a parte branca, com cerca de 10 cm, bem lavados e cortados ao meio no comprimento
- 4 corações de alcachofra marinados, escorridos
- 2 colheres (sopa) (30 ml) de azeite de oliva
- Sal e pimenta a gosto
- 3 dentes de alho
- 1 colher (sopa) (15 ml) de suco de limão-siciliano fresco

Preaqueça o forno a 200 °C. Unte levemente uma assadeira grande com o óleo em spray.

Junte a berinjela, o alho-poró e a alcachofra na assadeira. Misture o azeite e tempere com sal e pimenta. Leve ao forno por 10 minutos, mexa e adicione o alho. Asse por mais 15 minutos. Os legumes devem começar a apresentar pontos escuros. Remova o alho e transfira os legumes para um processador de alimentos. Pique o alho e junte ao suco de limão no processador. Pulse algumas vezes para criar uma pasta granulosa. Tempere a gosto com sal e pimenta. Sirva quente ou em temperatura ambiente. A pasta pode ser feita com antecedência e conservada na geladeira em recipiente tampado por até 2 dias. Deixe em temperatura ambiente antes de servir.

PREPARE ANTES

# BISCOITOS DE QUATRO GRÃOS

Adoramos estes biscoitos "ao natural", mas sabemos que muitos não abrem mão de um patê para acompanhar. Neste caso, recomendamos a Pasta de Amêndoas e Castanhas-de-Caju (p. 121), o Homus de Grão-de-Bico Defumado (p. 20) ou qualquer outro patê que não tenha um sabor tão intenso a ponto de se sobrepor à fantástica personalidade destes biscoitos. Adoramos fazer uma fornada e servir com os nossos Biscoitos Verdes (p. 99).

**Rende cerca de 150 biscoitos pequenos**

- 2 colheres (sopa) (30 ml) de óleo vegetal
- 1 colher (sopa) (15 ml) de fumaça líquida
- 2 colheres (chá) de maple syrup (xarope de bordo)
- 2 colheres (chá) de vinagre de maçã
- 1 colher (chá) de páprica defumada
- 1 colher (chá) de cebola em pó
- ¾ de colher (chá) de sal marinho fino
- 1½ xícara (180 g) de farinha de trigo integral
- 1 colher (sopa) (9 g) de sementes de gergelim
- 1 colher (sopa) (8 g) de linhaça dourada tostada
- 1 colher (sopa) (9 g) de sementes de papoula
- 1 colher (sopa) (15 g) de sementes de chia
- ½ xícara (120 ml) de água fria, conforme necessário

**DICA**

Estes biscoitos ficarão ótimos mesmo se você substituir as sementes usadas aqui por outras de sua preferência ou o que estiver disponível em sua despensa.

Preaqueça o forno a 180 °C. Mantenha duas assadeiras à mão.

Em uma tigela pequena, junte o óleo, a fumaça líquida, o maple syrup e o vinagre.

Em uma batedeira com batedor aramado, misture a páprica, a cebola em pó, o sal, a farinha e as sementes. Adicione a mistura de óleo aos ingredientes secos. Bata em velocidade média e despeje a água lentamente, até formar uma massa que não fique nem muito seca nem muito úmida. Você provavelmente só precisará de ⅓ de xícara (80 ml) de água, mas adicione o restante, se necessário. Divida a massa ao meio.

Usando um rolo, abra cada metade da massa sobre um pedaço de papel-manteiga ou tapete de silicone, o mais fina e uniforme possível, com cerca de 3 mm de espessura. Usando cortadores de massa, corte biscoitos quadrados de cerca de 2,5 cm. Os biscoitos não precisam ser separados após cortados. Basta transferir o pedaço de papel ou tapete para uma assadeira.

Asse por 14 a 16 minutos, ou até que os biscoitos pareçam secos e comecem a liberar o aroma. Verifique de vez em quando para as bordas não ficarem muito tostadas. Se alguns biscoitos assarem mais rápido do que outros, remova esses com cuidado e coloque sobre uma grade para esfriar.

Retire do forno e transfira tudo para a grade. Após esfriar, guarde em recipiente hermético por até 4 dias.

PREPARE ANTES

# BISCOITOS VERDES

Crocantes e saborosos, estes biscoitos são muito bem-vindos em qualquer reunião. Além disso, fazem o maior sucesso com a criançada! Tome nota: quanto mais fina for a massa, mais crocantes serão os biscoitos. Costumamos servir com os nossos Biscoitos de Quatro Grãos (p. 97, veja foto à esquerda).

**Rende 24 a 28 biscoitos**

- ¾ de xícara (90 g) de farinha de trigo integral
- ¼ de xícara (31 g) de farinha de trigo
- ½ colher (chá) de sal marinho fino
- Uma pitada de pimenta-do-reino moída na hora
- 2 colheres (sopa) (28 g) de manteiga vegana
- 1 xícara (40 g) cheia de espinafre fresco
- ¼ de xícara (60 ml) de água fria

Preaqueça o forno a 190 °C.

Em uma tigela média, misture as farinhas, o sal e a pimenta. Junte a manteiga cortada em pedaços do tamanho de ervilhas.

Bata o espinafre e a água em um miniprocessador, até ficar homogêneo. Adicione à mistura de farinha e mexa bem com um garfo. Se a mistura estiver muito líquida coloque mais farinha; se estiver seca demais acrescente mais água, 1 colher (chá) de cada vez, até atingir a consistência de massa e formar uma bola.

Enfarinhe uma superfície de trabalho e abra a massa com um rolo, entre 3 mm e 6 mm de espessura. Usando um cortador redondo (5 cm), corte os biscoitos. Transfira para uma assadeira e fure os biscoitos com um garfo. Asse por 20 a 24 minutos (para obter biscoitos mais macios) ou 24 a 28 minutos (para mais crocantes), até que estejam firmes e com o fundo começando a tostar. Retire e coloque em uma grade. Depois de esfriar, guarde em recipiente hermético por até 4 dias.

PREPARE ANTES

# MASSA PARA FRITURAS EM GERAL

Esta massa é tão versátil! Nós a usamos em várias receitas doces e salgadas deste livro, e você ainda pode criar suas próprias variações. Apenas certifique-se de selar bem a massa depois de adicionar o recheio. Ela é usada em nossas Sambusas (p. 94), nos Rolinhos Chineses sem Ovos (p. 93) e nos Rolinhos de Vegetais (p. 92). E não perca os Pasteizinhos de Nozes-Pecãs (p. 150)!

**Rende cerca de 325 g, o suficiente para 20 quadrados de 8 cm ou 8 quadrados de 16 cm**

- 1 xícara (125 g) de farinha de trigo, ou mais se necessário
- ½ xícara (70 g) de farinha de espelta integral
- ½ colher (chá) de sal marinho fino
- 1 colher (sopa) (15 ml) de azeite de oliva
- ½ xícara (120 ml) de água, ou mais se necessário

Junte as farinhas e o sal em uma tigela média e misture com um garfo. Adicione o azeite e mexa. Despeje a água e misture novamente com o garfo. A massa deve ficar um pouco úmida, mas não pegajosa. Adicione mais 1 colher (sopa) (15 ml) de água, se ficar muito seca, ou 1 colher (sopa) (8 g) de farinha de trigo, se estiver úmida demais. Cubra e deixe descansar em temperatura ambiente por 1 hora antes de usar, ou cubra e deixe na geladeira por até 2 dias. A massa deve estar em temperatura ambiente antes de ser usada conforme especificado em cada receita.

# BOLINHOS DE SALSA MEXICANA

Estes bolinhos inspirados em muffins são deliciosos puros, mas fique à vontade para lambuzá-los com Molho Picante para Nachos (p. 58), Guacamole (p. 118) ou Salada Rastafári (p. 16). Se você gosta de pimenta, quanto mais apimentado o molho, mais saborosos estes bolinhos!

**Rende 14 bolinhos**

- Óleo em spray para untar
- ¾ de xícara (90 g) de farinha de trigo integral
- ½ xícara (70 g) de farinha de espelta integral
- 1 colher (chá) de fermento em pó
- 1 colher (chá) de amido de milho
- 1 colher (chá) de açúcar orgânico
- ½ colher (chá) de Sal Defumado de Páprica (p. 24) ou sal marinho fino
- ½ colher (chá) de cominho em pó
- 3 colheres (sopa) (45 ml) de azeite de oliva
- ½ xícara (152 g) de Salsa de Tomate (p. 64), escorrida (com o líquido reservado)
- Leite vegano não adoçado, conforme necessário
- 1 colher (sopa) (9 g) de pimenta jalapeña bem picada, ou mais a gosto (opcional)

Preaqueça o forno a 190 °C. Unte levemente uma fôrma para 14 minimuffins com o óleo em spray.

Misture as farinhas, o fermento, o amido de milho, o açúcar orgânico, o sal e o cominho em uma tigela média. Adicione o azeite e mexa com um garfo até obter uma mistura esfarelada. Em uma xícara, despeje o líquido do molho de salsa e complete com leite até encher a metade (120 ml). Adicione à mistura esfarelada junto com a salsa e a pimenta jalapeña e mexa até incorporar, mas não misture demais. Coloque 1½ colher (sopa) (cerca de 30 g) de massa em cada cavidade da fôrma.

Asse por 20 a 24 minutos, até dourar. Sirva quente ou em temperatura ambiente.

# SCONES DE TOMATE SECO

Estes pãezinhos carregam uma explosão de sabor! Adoramos comê-los puros, mas também ficam ótimos com a Marinara Fácil (p. 16) e os Cogumelos à Moda Mediterrânea (p. 28), por exemplo. E alguns de nossos provadores gostaram deles com a Pasta de Amêndoas e Castanhas-de-Caju (p. 121), salpicados com um pouco mais de sal.

**Rende 27 scones**

- 2 xícaras (240 g) de farinha de trigo integral
- 1 colher (sopa) (12 g) de fermento em pó
- ¾ de colher (chá) de Sal Defumado de Páprica (p. 24) ou sal marinho fino
- 2 colheres (chá) de pimenta vermelha em pó, de suave a média
- 2 colheres (chá) de cebola em pó
- 3 dentes de alho grandes, picados
- 2 colheres (sopa) (8 g) de tomates secos ao sol (sem conserva de óleo)
- ½ xícara (130 g) de Pasta de Amêndoas e Castanhas-de-Caju (p. 121)
- 2 colheres (sopa) (30 ml) de óleo vegetal
- 3 colheres (sopa) (45 ml) de leite vegano não adocicado, ou mais se necessário

Preaqueça o forno a 190 °C. Forre duas assadeiras com papel-manteiga ou tapetes de silicone.

Coloque a farinha, o fermento, o sal, a pimenta vermelha, a cebola em pó, o alho e os tomates secos em um processador. Pulse duas vezes para picar os tomates e misturar os demais ingredientes. Adicione a pasta de amêndoas e o óleo e pulse para misturar. Raspe as laterais da jarra com uma espátula de silicone, se necessário. Adicione o leite e pulse para misturar. A massa deve ficar com uma textura esfarelada, mas que grude bem quando apertada. Se estiver esfarelada demais, junte mais 1 colher (chá) de leite por vez, pulsando para misturar.

Pegue 1 colher (sopa) (20 g) de massa e enrole até formar uma bolinha. Coloque na assadeira forrada e achate levemente. Repita com a massa restante. A receita deve render 27 scones.

Asse por 14 minutos, ou até dourar na base. Transfira para uma grade para esfriar.

Sirva ou guarde em recipiente hermético por até 2 dias, mas saiba que os scones são mais saborosos frescos.

**SUGESTÕES E VARIAÇÕES PARA SERVIR**

Estes scones também ficam ótimos se preparados com ¾ de xícara (130 g) de polpa de abacate maduro no lugar da pasta de amêndoas. Mas evite usar um abacate maduro demais por causa de seu sabor muito forte. Use um processador para bater o abacate um pouco, o suficiente para não deixar pedaços grandes.

# SCONES DE LIMÃO E ERVA-DOCE

Estes scones crocantes e salgados são tão gostosos ao saírem do forno que achamos que não precisam de nenhum acompanhamento. Mas, se você fizer questão, eles vão combinar muito bem com qualquer uma de nossas receitas de pratos com vegetais, como Vagens Indianas e Couve-flor com Tahine (p. 49), ou ainda, para servir com queijos veganos.

**Rende 16 scones**

- 1½ xícara (180 g) de farinha de trigo integral
- 2 colheres (chá) de fermento em pó
- ½ colher (chá) generosa de sal marinho fino
- 2 colheres (sopa) (24 g) de açúcar orgânico
- ½ xícara (128 g) de tahine ou outra pasta de nozes ou sementes
- ¼ de xícara (60 ml) de suco de limão-siciliano fresco
- Raspas de 1 limão-siciliano orgânico
- 2 dentes de alho picados
- 2 colheres (chá) de sementes de erva-doce
- ¼ de xícara (60 ml) de leite vegano não adoçado, ou mais se necessário

Preaqueça o forno a 200 °C. Forre uma assadeira com papel-manteiga ou um tapete de silicone.

Em um processador, junte a farinha, o fermento, o sal e o açúcar orgânico. Adicione o tahine e pulse algumas vezes para misturar os ingredientes. Acrescente o suco de limão, as raspas, o alho e a erva-doce e pulse mais algumas vezes. Despeje o leite através do buraco na tampa da jarra, 1 colher (sopa) (15 ml) por vez, enquanto pulsa até formar uma bola de massa. Ela deve ficar úmida, mas não grudenta demais. Se ficar esfarelada, será preciso adicionar um pouco mais de leite, 1 colher (chá) por vez. Coloque a massa sobre um pedaço de papel-manteiga ou tapete de silicone e dê batidinhas nela até reduzir a pouco mais de 1,3 cm de espessura. (Usar um rolo vai endurecer a massa, por isso evite.)

Use um cortador de biscoito de 5 cm para formar os scones e coloque-os na assadeira forrada. Junte as aparas de massa e repita o processo. A receita deve render cerca de 16 scones.

Asse por 12 a 14 minutos, ou até tostar na base e dourar no topo. Retire do forno e deixe esfriar em uma grade.

Sirva e conserve as sobras em recipiente hermético por até 2 dias. Toste ligeiramente antes de consumir.

**SUGESTÕES E VARIAÇÕES PARA SERVIR**

Se você não gosta do sabor licoroso da erva-doce, pode substituí-la por sementes de cominho.

PREPARE ANTES

# PÃO DO MONSTRO VERDE

Nós simplesmente adoramos este pão! É uma versão deliciosa, assada em panela de ferro, que pode ser servida com qualquer um dos patês ou molhos dip deste livro, ou mesmo puro — porque este pão é realmente muito bom.

**Rende 1 pão redondo**

- 1 xícara (60 g) cheia de couve kale ou (40 g) de espinafre fresco
- 1 colher (sopa) (9 g) de alho picado
- 1¼ xícara (295 ml) de água morna
- 1 colher (sopa) (15 ml) de azeite de oliva
- ½ xícara (180 g) de farinha de trigo integral branca
- 1¼ xícara (156 g) de farinha de trigo
- ½ xícara (70 g) de farinha de espelta integral
- 1½ colher (chá) de sal marinho fino
- 1 colher (chá) de fermento instantâneo

Coloque a couve, o alho, a água e o azeite em um liquidificador e bata até obter uma mistura homogênea.

Numa tigela grande, misture as farinhas, o sal e o fermento. Adicione a mistura de couve e mexa com uma colher de pau até a farinha incorporar. A massa deve ficar espessa e grudar na colher feito uma bola. Cubra levemente e deixe descansar em temperatura ambiente por 4 horas. Depois, cubra com filme plástico e leve à geladeira por 12 a 48 horas.

Forre uma tigela de 2 litros com um pano de prato enfarinhado. Esta é uma massa úmida, por isso enfarinhe as mãos. Polvilhe a massa com farinha. Modele-a grosseiramente como uma bola e coloque na tigela forrada. Polvilhe com farinha novamente e cubra com filme plástico. Deixe crescer em local aquecido por 1 a 1½ hora. Para testar o ponto, ao pressionar a massa com o dedo, deve formar um sulco.

Quando a massa estiver quase crescida, coloque no forno uma caçarola de 2 litros, esmaltada ou de ferro, que possua tampa. Certifique-se de que o cabo da panela seja refratário. Preaqueça o forno a 240 °C.

Quando a massa estiver no ponto, retire com cuidado a panela do forno. Com as mãos enfarinhadas, coloque a massa na panela. Sacuda delicadamente para que a massa se acomode no fundo da caçarola. Tampe e asse por 15 minutos. Retire a tampa e asse por mais 15 minutos, até que o pão esteja dourado e solto das laterais da panela. Bata com os nós dos dedos no fundo do pão — se emitir um som oco, está pronto. Deixe esfriar completamente sobre uma grade antes de fatiar.

# PÃO DE PESTO

Este é o tipo de pão divertido que você tem de saborear rasgando com as mãos. Adoramos servi-lo com Pasta de Berinjela Assada (p. 96), Marinara Fácil (p. 16) ou com mais pesto!

**Rende 1 pão**

- 1 xícara (235 ml) de água
- ½ xícara (80 g) de aveia em flocos
- ½ xícara (120 ml) de leite vegano morno
- 2 colheres (sopa) (30 ml) de azeite de oliva
- 2 colheres (sopa) (30 ml) de xarope de arroz integral ou xarope de agave claro
- 2½ xícaras (300 g) de farinha de trigo integral
- 2 colheres (sopa) (18 g) de glúten de trigo vital
- 2¼ colheres (chá) de fermento instantâneo
- 1 colher (chá) de sal marinho fino
- Óleo em spray para untar
- ½ xícara (118 g) de Pesto Vegano (faça o dobro da receita indicada na p. 122)

Ferva a água com a aveia em uma panela pequena. Baixe o fogo e cozinhe por 8 minutos, mexendo ocasionalmente. A mistura ficará bem espessa. Reserve para amornar. Junte o leite, o azeite e o xarope de arroz.

Na tigela de uma batedeira equipada com o batedor gancho, misture a farinha, o glúten, o fermento e o sal. Adicione os ingredientes líquidos e bata por 10 minutos. (Você também pode sovar a massa com as mãos em uma superfície levemente enfarinhada, por 10 minutos.) Coloque mais farinha, se necessário, até que a massa fique maleável e não pegajosa demais. Cubra com filme plástico e deixe crescer por 90 minutos, ou até dobrar de tamanho.

Unte levemente com o óleo em spray uma fôrma para pão de 20 cm × 10 cm. Sove a massa sobre uma área de trabalho levemente enfarinhada, e abra um retângulo de 23 cm × 30 cm. Espalhe o pesto de modo uniforme sobre a massa.

Usando uma faca, corte a massa aberta no comprimento, em seis tiras de 4 cm de largura. Empilhe as tiras, com o lado do pesto virado para cima. Corte a pilha em seis partes, e cada uma ficará com seis camadas. Transfira cada parte cuidadosamente para a fôrma untada; não se preocupe em alinhá-las em uma fileira. Organize as pilhas com as bordas cortadas para cima, de modo que pareçam listras. Cubra com filme plástico e deixe crescer por 1 hora, ou até dobrar de tamanho.

Preaqueça o forno a 190 °C. Ajuste a altura da grelha do forno para que o pão não fique muito perto da fonte de calor. Descubra a fôrma e unte levemente a parte de cima do pão com o óleo em spray. Asse por 25 minutos, depois cubra frouxamente com um pedaço de papel-alumínio e asse por mais 15 minutos, ou até dourar.

Retire da fôrma e deixe esfriar por pelo menos 15 minutos antes de servir. Melhor consumir fresco.

# GRISSINIS

É verdade, adoramos o sabor que a cerveja proporciona à massa de pão. Adicionar alimentos ou bebidas fermentadas quase sempre intensifica o sabor dos pratos, e este aqui não foge à regra. Sirva estes grissinis com a Marinara Fácil (p. 16).

**Rende 20 grissinis**

- 1 xícara (235 ml) de cerveja vegana sem gás ("choca"), em temperatura ambiente
- 1 colher (chá) de xarope de agave light
- 2¼ colheres (chá) de fermento biológico seco
- 5 colheres (75 ml) de azeite de oliva
- 2 xícaras (240 g) de farinha de trigo integral branca ou comum
- 1 xícara menos 1½ colher (chá) (120 g) de farinha de uso geral
- ½ colher (chá) de sal marinho fino
- Óleo em spray para untar
- 2 colheres (chá) de sal com alho, ou a gosto

Misture a cerveja, o agave e o fermento na tigela de uma batedeira com o batedor de gancho. Bata e reserve por 5 minutos para o fermento espumar. Adicione 2 colheres (sopa) (30 ml) do azeite, as farinhas e o sal. Sove por 6 a 8 minutos, até formar uma massa homogênea. (Se preferir, sove com as mãos em uma superfície enfarinhada, por 10 minutos.) Se ficar muito seca, adicione mais 1 colher (sopa) (15 ml) de cerveja ou água, e se estiver muito pegajosa, junte 1 colher (sopa) (8 g) de farinha. Faça uma bola com a massa. Borrife uma tigela com óleo, coloque a massa e vire para untar bem. Cubra com filme plástico e deixe crescer em lugar aquecido até dobrar de tamanho, por cerca de 1½ hora.

Misture o sal com alho e as 3 colheres (sopa) (45 ml) de azeite. Unte 2 assadeiras com o óleo. Enfarinhe uma superfície e abra a massa em um retângulo de 20 cm × 38 cm (com 1,3 cm de espessura). Corte em dez tiras de 4 cm. Pincele com 1 colher (sopa) (15 ml) da mistura de azeite. Junte 2 tiras de massa pelas pontas e trance em sentidos opostos para formar uma corda. Corte ao meio para obter dois grissinis e coloque na assadeira. Repita com o restante da massa e arranje-os nas assadeiras com cerca de 5 cm de espaço entre eles. Pincele com a mistura de azeite e deixe crescer por 30 minutos até inflar.

Preaqueça o forno a 200 °C. Asse por 13 a 16 minutos, até dourar. Pincele com o restante de azeite e sirva morno ou em temperatura ambiente.

**DICA**

Procure sempre consultar o fabricante para confirmar se a cerveja escolhida (e outras bebidas) são veganas.

# ENROLADINHOS DE ESPINAFRE

Estes enroladinhos de espinafre são fáceis de fazer e um impressionante complemento para entrada. Tente resistir à tentação de comer o recheio com uma colher, mas não vamos condenar ninguém que faça isso. Sirva estas delícias com a Marinara Fácil (p. 16).

**Rende 20 enroladinhos**

**Para a massa:**

- ½ xícara (120 ml) de água morna
- 1 colher (chá) de açúcar orgânico
- 1 colher (chá) de fermento biológico seco
- 1 xícara (120 g) de farinha de trigo integral branca ou comum
- ½ xícara (63 g) de farinha de trigo
- 2 colheres (sopa) (30 ml) de azeite de oliva
- ½ colher (chá) de mix de ervas italianas
- ½ colher (chá) de sal marinho fino
- Óleo em spray para untar

**Para o recheio:**

- 3 xícaras (90 g) de espinafre bem picado
- 2 colheres (sopa) (15 g) de fermento nutricional
- 1 colher (sopa) (15 ml) de azeite de oliva
- ¼ de colher (chá) de pimenta-do-reino moída

**Para fazer a massa:** Junte a água, o açúcar orgânico e o fermento na tigela de uma batedeira equipada com um batedor gancho. Misture e deixar descansar por 5 minutos, até que o fermento comece a espumar. Adicione as farinhas, o azeite, as ervas e o sal. Bata em velocidade baixa até que a massa se torne uma bola homogênea, por cerca de 6 minutos. (Se preferir, sove com as mãos por 10 minutos em uma superfície enfarinhada.) Se ficar muito pegajosa, junte 1 colher (sopa) (8 g) de farinha ou, se estiver muito seca, adicione 1 colher (sopa) (15 ml) de água, para obter uma massa uniforme. Unte uma tigela grande com o óleo. Forme uma bola com a massa e coloque na tigela, virando para untar bem. Cubra com filme plástico e deixe crescer até dobrar de tamanho, por cerca de 1½ hora.

Polvilhe uma superfície de trabalho com farinha. Divida a massa ao meio e abra cada metade em um retângulo de 20 cm × 25 cm.

Preaqueça o forno a 190 °C. Forre uma assadeira grande com papel-manteiga.

**Para fazer o recheio:** Junte o espinafre, o fermento nutricional, o azeite e a pimenta em uma tigela média. Espalhe metade do recheio por igual em cada retângulo de massa. Comece a enrolar pelo lado maior, apertando bem a massa para selar, inclusive as pontas e a emenda da massa, para que os enroladinhos não se abram no forno. Corte cada rolo em fatias de 2,5 cm e coloque na assadeira com o lado do recheio para cima.

Leve ao forno por 18 a 22 minutos, até que a superfície esteja levemente dourada e os centros assados. Sirva quente, morno ou em temperatura ambiente.

# FOCACCIA DE ASPARGOS

Adoramos o visual desta focaccia com os aspargos inteiros, mas você também pode cortar os legumes e espalhá-los sobre a cobertura, se preferir. De qualquer forma, o sabor será simplesmente maravilhoso.

**Rende 6 focaccias grandes**

**Para a massa:**

1 xícara e mais 2 colheres (sopa) (265 ml) de água morna

1 colher (chá) de maple syrup (xarope de bordo)

2¼ colheres (chá) de fermento biológico seco

2 xícaras (250 g) de farinha de trigo

1 xícara (120 g) de farinha de trigo integral

2 colheres (sopa) (30 ml) de azeite de oliva

1 colher (chá) de sal marinho fino

Óleo em spray para untar

**Para a cobertura:**

⅓ de xícara (80 ml) de azeite de oliva, e mais um pouco para untar

3 colheres (sopa) (45 g) de alho assado (veja a Dica)

2 colheres (sopa) (15 g) de fermento nutricional

½ colher (chá) de mix de ervas italianas

½ colher (chá) de sal marinho fino

¼ de colher (chá) de pimenta-do-reino moída

12 aspargos (com cerca de 8 cm de cada)

6 rodelas finas de cebola roxa

6 rodelas finas de pimentão vermelho

**Para fazer a massa:** Junte a água, o maple syrup e o fermento na tigela de uma batedeira com o batedor de gancho. Reserve por 5 minutos até o fermento borbulhar. Adicione as farinhas, o azeite e o sal. Misture por 5 a 7 minutos, até que a massa fique sedosa e homogênea. (Se preferir, sove com as mãos por uns 10 minutos em uma superfície enfarinhada.) Se ficar muito seca, adicione 1 colher (sopa) (15 ml) de água, ou, se estiver muito pegajosa, junte 1 colher (sopa) (8 g) de farinha, para deixar a massa uniforme. Faça uma bola com a massa. Unte uma tigela com o óleo. Coloque a massa na tigela, virando para untar por igual. Cubra com filme plástico e reserve em local aquecido até dobrar de tamanho, por cerca de 1 hora.

**Para fazer a cobertura:** Junte o azeite, o alho, o fermento nutricional, as ervas, o sal e a pimenta em um miniprocessador. Bata até obter uma mistura homogênea. Unte uma assadeira de 23 cm x 33 cm com o azeite. Sove a massa com cuidado e depois abra de modo uniforme na assadeira, preenchendo toda a superfície, até os cantos. Espalhe a mistura de azeite sobre a massa; em seguida, coloque os aspargos cruzados (em forma de "x"), ocupando duas fileiras de três. Coloque um anel de cebola no topo e depois o anel de pimentão. Pressione suavemente os legumes na massa. Reserve em local aquecido por 30 minutos.

Preaqueça o forno a 220 °C. Asse por 22 a 25 minutos, até dourar. Sirva quente ou em temperatura ambiente.

**DICA**

Para assar o alho, preaqueça o forno a 200 °C. Corte o topo de 3 cabeças de alho e coloque-as sobre um pedaço de papel-alumínio, levantando as bordas para formar uma cesta. Adicione uma pitada de sal e pimenta e regue com 1 colher (chá) de azeite. Embrulhe bem e asse por 40 minutos, até dourar.

RÁPIDO E FÁCIL

# TOSTEX DE COGUMELOS

A cremosidade do recheio de cogumelos contrasta com a textura crocante do pão grelhado neste sanduíche com ares nostálgicos, que se destaca como um dos favoritos por ser rápido tanto no preparo quanto na velocidade com que some do prato!

**Rende 16 sanduíches pequenos**

- 1 colher (chá) de azeite de oliva
- 1 colher (sopa) (10 g) de chalota bem picada
- 227 g de cogumelos picados
- ¼ de colher (chá) de tomilho desidratado
- 1 colher (chá) de vinho branco seco vegano
- 1 colher (chá) de molho inglês vegano
- Sal e pimenta a gosto
- ¼ de xícara (60 g) de cream cheese vegano, em temperatura ambiente
- 1 colher (sopa) (14 g) de maionese vegana
- 2 colheres (chá) de cebolinha-francesa picada
- ½ colher (chá) de tomilho fresco picado
- ½ colher (chá) de suco de limão-siciliano fresco
- ½ colher (chá) de mostarda de Dijon
- 8 fatias de pão de fôrma
- 2 colheres (sopa) (28 g) de manteiga vegana, em temperatura ambiente

Numa frigideira em fogo médio, aqueça o azeite, a chalota, os cogumelos e o tomilho desidratado. Refogue por 3 a 5 minutos. Os cogumelos devem permanecer úmidos, sem soltar muita água. Retire do fogo e misture o vinho e o molho inglês. Tempere a gosto com sal e pimenta.

Bata o cream cheese, a maionese, a cebolinha, o tomilho fresco, o suco de limão e a mostarda em uma tigela pequena. Espalhe uma camada de manteiga sobre um dos lados do pão.

Vire as fatias para que o lado da manteiga fique voltado para baixo. Espalhe 2 colheres (chá) da mistura de cream cheese sobre 4 fatias. Usando uma escumadeira, divida os cogumelos entre as fatias com o cream cheese, usando cerca de 3 colheres (sopa) (42 g) em cada uma. Coloque as 4 fatias de pão restantes por cima, com o lado da manteiga para fora.

Aqueça uma frigideira em fogo médio. Toste os sanduíches até ficarem dourados, por cerca de 4 minutos. Vire para dourar o outro lado, por cerca de 3 minutos. Corte os sanduíches em quatro, usando uma faca serrilhada. Sirva imediatamente.

**SUGESTÕES E VARIAÇÕES PARA SERVIR**

Substitua o cream cheese pela mesma quantidade de Pasta de Amêndoas e Castanhas-de-Caju (p. 121), se preferir.

**DICA**

O rendimento desta receita pode variar ligeiramente dependendo do tamanho do pão.

RÁPIDO E FÁCIL

# TOSTEX PICANTES

Esta é uma variação do aperitivo com cream cheese e geleia de pimenta, só que muito melhor porque vem dentro de rabanadas! Com uma crosta crocante e um recheio cremoso, este é um jeito ao mesmo tempo doce e salgado de aguçar seu paladar. Pão francês integral e farinha de trigo integral podem ser usados como substitutos, se desejar.

**Rende 32 sanduíches pequenos**

- 3 colheres (sopa) (45 g) de cream cheese vegano ou Pasta de Amêndoas e Castanhas-de-Caju (p. 121)
- 16 fatias (1,3 cm de espessura) de pão francês amanhecido
- 3 colheres (sopa) (60 g) de geleia de pimenta
- 1 maçã verde, em fatias finas
- 1½ xícara (355 ml) de leite vegano não adoçado, ou mais se necessário
- 2 colheres (chá) de vinagre de maçã
- 1 colher (sopa) e mais 1 colher (chá) (10 g) de fermento nutricional
- 1 colher (sopa) e mais 1 colher (chá) (16 g) de açúcar orgânico
- ¼ de colher (chá) de canela em pó
- 1½ xícara (188 g) de farinha de trigo
- 2 colheres (chá) de fermento em pó
- Óleo vegetal para fritar
- 1 a 2 colheres (sopa) (20 a 40 g) de geleia de amora ou outra
- ¼ de xícara (60 ml) de maple syrup (xarope de bordo), para servir

Espalhe 2 colheres (chá) generosas de cream cheese em metade das fatias de pão, seguidas por 2 colheres (chá) generosas de geleia de pimenta. Cubra com 2 ou 3 fatias de maçã e coloque as outras fatias de pão por cima.

Junte o leite e o vinagre em um refratário grande. Adicione, misturando com um garfo, o fermento nutricional, o açúcar e a canela. A seguir, acrescente a farinha e o fermento. A massa deve ficar espessa e não tem problema se ficar empelotada. Se for necessário, adicione 1 colher (sopa) (8 g) extra de farinha para engrossar a massa ou 1 colher (sopa) (15 ml) de leite para deixá-la mais maleável.

Aqueça 6 mm de óleo numa frigideira grande em fogo médio-alto. Quando estiver quente, reduza o fogo para médio. Em porções, mergulhe os sanduíches na massa, virando para ficarem totalmente cobertos. Frite-os por 3 a 4 minutos, até que as bases fiquem tostadas. Vire para fritar o outro lado até dourar. Com a ajuda de pinças, vire os sanduíches para fritar também as laterais. Cada sanduíche deve dourar por inteiro. Corte ao meio para servir.

Misture bem a geleia com o maple syrup e sirva como molho dip para acompanhar.

PREPARE ANTES

# BRUSQUETTA DE COGUMELO E RAIZ-FORTE

Um dos petiscos mais populares de todos os tempos (de acordo com nossos estudos não muito científicos), a bruschetta ganha esta nova versão. Os tradicionais tomates desapareceram. Nosso pão é coberto com maionese picante de raiz-forte e rúcula, além de cogumelos portobello grelhados.

**Rende 20 bruschettas**

**Para o pão:**

- 3 colheres (sopa) (45 ml) de azeite de oliva
- 1 colher (chá) de sal com alho
- ¼ de colher (chá) de lemon pepper
- ¼ de colher (chá) de pimenta-do-reino moída
- 20 fatias de baguete com gergelim (com 1,3 cm de espessura)

**Para o molho:**

- ½ xícara (112 g) de maionese vegana
- ½ a 1 colher (chá) de raiz-forte, a gosto
- ¼ de xícara (5 g) de rúcula baby, picada
- Sal e pimenta a gosto

**Para os cogumelos:**

- ¼ de xícara (60 ml) de vinho tinto seco vegano
- 1 colher (sopa) (15 ml) de tamari
- 1 colher (sopa) (15 ml) de suco de limão-siciliano fresco
- 1 colher (chá) de mostarda de Dijon
- ¼ de colher (chá) de fumaça líquida
- ¼ de colher (chá) de ervas de Provence
- 4 chapéus grandes de cogumelo portobello, sem talos
- 1 colher (sopa) (15 ml) de azeite de oliva

Um punhado generoso de brotos de ervilha

**Para fazer o pão:** Preaqueça o forno a 200 °C. Junte o azeite, o sal com alho, o lemon pepper e a pimenta-do-reino em uma tigela pequena. Pincele a mistura em um lado de cada fatia de pão e coloque em uma assadeira, com a parte temperada para cima. Asse por 12 a 15 minutos, até dourar. Retire do forno e deixe esfriar sobre uma grade. Depois de frias, as fatias podem ser guardadas em recipiente hermético por até 2 dias.

**Para fazer o molho:** Junte a maionese, a raiz-forte e a rúcula em uma tigela. Tempere com sal e pimenta, a gosto. O molho pode ser mantido na geladeira em recipiente hermético por até 24 horas.

**Para fazer os cogumelos:** Junte o vinho, o tamari, o suco de limão, a mostarda, a fumaça líquida e as ervas em um refratário de 23 cm × 33 cm. Adicione os cogumelos e vire para temperar por inteiro. Deixe marinar por 30 minutos.

Aqueça uma frigideira grill em fogo alto. Pincele os cogumelos com azeite. Grelhe os cogumelos por 3 a 5 minutos, ou até que estejam marcados, pincelando com o restante da marinada enquanto grelham. Vire para grelhar o outro lado do mesmo modo, por cerca de 3 minutos. Passe para uma tábua e corte em fatias de 1,3 cm.

Para montar, prove a mistura de maionese e ajuste os temperos, se necessário. Espalhe a maionese por igual nas fatias tostadas. Distribua os brotos de ervilha e cubra com os cogumelos. Sirva imediatamente.

# CANAPÉS DE GUACAMOLE E COGUMELO

Não gostamos de ter preferências, e não estamos dizendo que esta é uma delas. Pelo menos não declaradamente. Torradas besuntadas com guacamole cremoso e picante, cobertas com "bacon" vegano defumado e crocante, entre outras delícias. Adoramos cada componente desta receita, e juntos eles ficam sensacionais.

**Rende 16 canapés e cerca de 1 xícara (320 g) de guacamole**

**Para o guacamole:**

- 2 abacates pequenos maduros, picados
- 2 colheres (sopa) (8 g) de tomates secos ao sol (sem conserva de óleo), picados (opcional)
- 1½ colher (sopa) (15 g) de cebola roxa picada
- ½ a 1 colher (chá) de pimenta jalapeña picada, a gosto
- 1½ colher (sopa) (2 g) de coentro ou salsinha picada (opcional)
- 1 a 1½ colher (sopa) (15 a 23 ml) de suco de limão fresco
- Sal de Páprica Defumada (p. 24) ou sal marinho fino, a gosto

**Para o bacon e cobertura:**

- 1 receita de Bacon de Shitake (p. 39), feita com 2 cogumelos portobello grandes (cerca de 200 g)
- 16 fatias de baguete (com 1,3 cm de espessura), tostadas
- 4 folhas de alface romana, rasgadas
- 8 rodelas de tomate (de 6 mm), cortadas ao meio

**Para fazer o guacamole:** Amasse o abacate com os tomates secos, a cebola, a pimenta jalapeña, o coentro, o suco de limão e sal a gosto. Se preferir, pode amassar grosseiramente. Sirva imediatamente após o preparo.

**Para fazer o bacon:** Use cogumelos portobello em lugar do shitake, sem os talos. A marinada é a mesma, mas eleve a temperatura do forno para 200 °C. Coloque os cogumelos em 2 fôrmas forradas com papel-manteiga, em uma única camada. Asse por 20 a 25 minutos, até escurecerem. Os cogumelos devem ficar secos e perder a maior parte do volume, mas não asse demais, ou ficarão amargos. Se, ao final do tempo ainda não estiverem completamente assados, retorne ao forno em intervalos de 3 minutos. O "bacon" ficará crocante à medida que esfria.

Para montar os canapés, espalhe o guacamole sobre as torradas. Distribua a alface sobre as torradas e cubra com o tomate e algumas fatias de bacon de portobello. Sirva imediatamente para evitar que o guacamole perca a cor.

**DICA**

Não há necessidade de aumentar o líquido de cozimento indicado no Bacon de Shitake para fazer o Bacon de Portobello, devido aos diferentes níveis de umidade nos cogumelos.

PREPARE ANTES

# CANAPÉS DE FIGO E NOZES

Já fizemos muitas pastas com nozes, mas esta é a melhor! Adoramos a textura cremosa e a cor branca que o creme de coco proporciona. Os canapés (um jeito sofisticado de dizer pães ou biscoitos com cobertura) também ficam excelentes sem a pasta de figo, se você não for muito fã da fruta.

**Rende 32 canapés e cerca de 2 xícaras (544 g) de pasta**

**Para a pasta de amêndoas e castanhas-de-caju:**

½ xícara (56 g) de amêndoas

1½ xícara (210 g) de castanhas-de-caju cruas

¼ de xícara e mais 2 colheres (sopa) (90 ml) de água, mais 2 colheres (sopa) (30 ml), se necessário

1 colher (sopa) e mais 1 colher (chá) (20 ml) de suco de limão-siciliano fresco

¼ de xícara (50 g) de creme de coco (a parte de cima do leite de coco decantado, veja no Glossário, p. 11)

½ colher (chá) de sal marinho fino

**Para os canapés:**

1½ xícara (cerca de 390 g) de Pasta de Figo (p. 146)

32 fatias de baguete de pão italiano (com 1,3 cm), levemente tostadas

2 xícaras (544 g) de Pasta de Amêndoas e Castanhas-de-Caju

2 peras maduras e firmes, cada uma cortada em 32 fatias finas

Xarope de arroz integral, para regar

¾ de xícara (90 g) de nozes picadas

**Para fazer a pasta de amêndoas e castanhas-de-caju:** Coloque as amêndoas e as castanhas em uma jarra medidora para 4 xícaras (940 ml). Despeje bastante água e depois cubra com filme plástico. Deixe em temperatura ambiente por 8 horas para amaciar.

Escorra as amêndoas e castanhas, descarte a água e enxágue rapidamente. Coloque em um processador ou liquidificador, juntamente com ¼ de xícara e mais 2 colheres (sopa) (90 ml) de água, o suco de limão, o creme de coco e o sal. Bata até obter uma mistura bem homogênea, parando de vez em quando para raspar as laterais da jarra com uma espátula de silicone. Se perceber que as amêndoas e castanhas precisam de mais líquido para bater com facilidade, adicione 2 colheres (sopa) (30 ml) de água, 1 colher (sopa) (15 ml) por vez. Isso pode levar até 10 minutos, dependendo do aparelho.

Transfira a mistura para uma tigela média com tampa e deixar descansar em temperatura ambiente por 24 horas. Após esse período, a parte de cima do creme vai rachar um pouco e o interior apresentará a textura de musse; guarde em recipiente hermético na geladeira por até 2 semanas.

**Para fazer os canapés:** Espalhe 2 colheres (chá) de pasta de figo sobre cada fatia de pão, ou o suficiente para cobrir a superfície. Adicione 1 colher (sopa) (17 g) de Pasta de Amêndoas e Castanhas-de-Caju por cima, ou o suficiente para cobrir generosamente. Adicione 2 fatias de pera e regue levemente com o xarope, usando um garfo ou uma colher de madeira para mel. Salpique as nozes por cima. Repita até terminar as fatias de pão. Sirva imediatamente.

PREPARE ANTES

# CANAPÉS DE BERINJELA

Imagine uma berinjela gratinada, com molho pesto e tomate, preparada à moda vegana. E *voilà*: você tem este refinado canapé de dar água na boca.

**Rende 16 canapés**

**Para o pão:**

- 2 colheres (sopa) (30 ml) de azeite de oliva
- 1 colher (chá) de fermento nutricional
- Uma pitada de mix de ervas italianas
- Uma pitada de sal marinho fino
- Uma pitada de pimenta-do-reino moída
- 16 fatias de pão francês (com 1,3 cm)

**Para a berinjela:**

- ¾ de xícara (60 g) de farinha panko
- ½ colher (chá) de mix de ervas italianas
- Sal e pimenta a gosto
- 3 colheres (sopa) (45 ml) de leite vegano não adoçado
- 1 colher (sopa) (8 g) de amido de milho
- ½ colher (chá) de alho em pó
- Óleo em spray para untar
- 16 rodelas de berinjela (com 1,3 cm)

**Para o pesto vegano:**

- ¾ de xícara (18 g) de manjericão fresco, mais 16 folhas para decorar
- 1 ou 2 dentes de alho amassados, a gosto
- 2 colheres (sopa) (18 g) de pinoli ou (15 g) de nozes, tostados
- Sal e pimenta a gosto
- 1 colher (sopa) (15 ml) de suco de limão-siciliano fresco
- 2 colheres (sopa) a ¼ de xícara (30 a 60 ml) de azeite extravirgem, conforme necessário
- 16 rodelas de tomate (com 6 mm)

**Para fazer o pão:** Preaqueça o forno a 200 °C. Junte o azeite, o fermento nutricional e os temperos em uma tigela pequena. Pincele um lado de cada fatia de pão, coloque em uma assadeira e leve ao forno por 10 minutos. As torradas podem ser preparadas com antecedência e guardadas, depois de frias, em recipiente hermético por 2 dias.

**Para fazer a berinjela:** Preaqueça o forno a 200 °C. Junte a farinha panko, as ervas e uma generosa pitada de sal e pimenta em uma travessa. Misture o leite, o amido de milho, o alho em pó e uma generosa pitada de sal e pimenta em um prato. Unte uma assadeira com o óleo em spray. Mergulhe a berinjela na mistura de leite, depois na mistura de panko, batendo para cobrir bem. Coloque as rodelas na assadeira e leve ao forno por 25 minutos. Retire, vire as rodelas do outro lado e asse por mais 10 minutos, até dourar.

**Para fazer o pesto:** Coloque ¾ de xícara (18 g) de manjericão, o alho e as nozes no processador. Pulse algumas vezes para picar o manjericão e as nozes. Adicione sal e pimenta a gosto, seguidos pelo suco de limão. Lentamente, despeje o azeite através do buraco na tampa da jarra com o processador ligado, o suficiente até formar uma pasta. O que sobrar do pesto pode ser guardado em recipiente tampado na geladeira por até 4 dias.

Para montar, espalhe uma camada de pesto em cada fatia de pão, distribuindo por igual entre as fatias. Cubra com 1 rodela de tomate e outra de berinjela. Decore com 1 folha de manjericão. Sirva imediatamente.

**DICA**

Se as rodelas de berinjela ou de tomate forem maiores do que a fatia de pão, corte-as ao meio na hora da montagem.

RÁPIDO E FÁCIL

# SLOPPY JOE AGRIDOCE

Sloppy Joe é um famoso sanduíche americano de carne moída e molho condimentado, servido em pão de hambúrguer. Sim, podemos ler seus pensamentos: não é vegano nem apropriado para servir como petisco por causa da bagunça ao comer, certo? Mas resolvemos tudo isso com a nossa versão. Nossa equipe de provadores, cética no início, aprovou!

**Rende 8 sanduíches abertos**

- 1 colher (sopa) (15 ml) de óleo vegetal
- 227 g de tempeh cozido no vapor e esfarelado
- ¼ de xícara e mais 2 colheres (sopa) (56 g) de pimentão verde picado
- ¼ de xícara (40 g) de cebola roxa picada
- 2 colheres (sopa) (31 g) de abacaxi picado, e um pouco mais para decorar
- 1 colher (chá) de cominho em pó
- 2 dentes de alho picados
- 1½ colher (chá) de tomilho fresco picado, e um pouco mais para decorar
- ½ xícara (132 g) de ketchup orgânico
- 2 colheres (sopa) (28 g) de açúcar mascavo claro
- 1 a 2 colheres (sopa) (15 a 30 ml) de vinagre de vinho tinto, a gosto
- 2 colheres (sopa) (30 ml) de tamari
- 1 colher (chá) de molho inglês vegano
- 1 colher (chá) de mostarda de Dijon
- ½ colher (chá) de fumaça líquida (opcional)
- Sal e pimenta a gosto
- 4 minipães de hambúrguer, em metades e tostados

Aqueça o óleo numa frigideira grande em fogo médio-alto. Adicione o tempeh e frite até ficar ligeiramente dourado, mexendo ocasionalmente, por cerca de 5 minutos. Junte o pimentão, a cebola, o abacaxi, o cominho, o alho e o tomilho. Refogue mexendo por mais 1 minuto.

Acrescente o ketchup, o açúcar mascavo, o vinagre, o tamari, o molho inglês, a mostarda e a fumaça líquida, se usar. Baixe o fogo e cozinhe por 10 minutos, mexendo de vez em quando. O molho vai engrossar. Prove e ajuste os temperos. Polvilhe sal e pimenta a gosto.

Coloque ¼ de xícara (65 g) da mistura em cada pão e decore com o abacaxi e uma pitada de tomilho. Sirva imediatamente.

**SUGESTÕES E VARIAÇÕES PARA SERVIR**

Prepare esta receita com feijão-fradinho! Substitua o tempeh por 250 g de feijão-fradinho cozido e escorrido. Aqueça 2 colheres (chá) de óleo numa frigideira em fogo médio. Junte o pimentão, a cebola, o abacaxi, o cominho, o alho e o tomilho. Cozinhe por 1 minuto.

Adicione o feijão, o ketchup, o açúcar mascavo, o vinagre, o tamari, o molho inglês, a mostarda e a fumaça líquida, se usar. Baixe o fogo e cozinhe por 10 minutos, mexendo de vez em quando. Amasse parcialmente o feijão com um espremedor enquanto cozinha: a ideia não é fazer uma pasta, mas deixar o molho engrossar e facilitar na hora de comer.

Prove e ajuste os temperos. Coloque ¼ de xícara (75 g) sobre cada metade de pão e decore com cubos de abacaxi e uma pitada de tomilho.

PREPARE ANTES

# PIT-ZA COM MUHAMMARA

Prepare-se para se surpreender com o sabor destas fatias de pit-za, que se assemelha muito ao das pizzas comuns, ainda que não levem molho de tomate nem queijo. Muhammara é uma pasta árabe de pimentão vermelho, deliciosa também como molho dip. Se quiser dar um toque especial, sirva com tigelas de coberturas, como fatias de cebola roxa e pimentão verde, azeitonas pretas sem caroço e floretes de couve-flor cozida no vapor.

**Rende 40 fatias de pit-za e 1¼ xícara (335 g) de muhammara**

- ⅓ de xícara (27 g) de farinha panko
- ⅓ de xícara (40 g) de nozes picadas
- 355 ml de pimentão vermelho em conserva, escorrido
- 1 ou 2 dentes de alho amassados, a gosto
- ¼ de colher (chá) de cominho em pó
- 2 colheres (sopa) (32 g) de tahine
- 2 colheres (sopa) (30 ml) de azeite de oliva extravirgem ou comum
- 2 colheres (chá) de suco de limão-siciliano
- ¼ de colher (chá) de Sal de Páprica Defumada (p. 24) ou sal marinho fino, a gosto
- Uma pitada de pimenta-de-caiena
- 1¼ xícara (335 g) de Pasta de Amêndoas e Castanhas-de-Caju (p. 121)
- 10 pães sírios (20 cm)

**Para fazer a muhammara:** Junte a farinha panko, as nozes, o pimentão, o alho, o cominho, o tahine, o azeite, o suco de limão, o sal e a pimenta-de-caiena em um processador. Bata até misturar levemente, parando para raspar as laterais com uma espátula de silicone. Leve à geladeira em recipiente hermético por pelo menos 2 horas ou até 2 dias antes de servir, para que os sabores se incorporem e a pasta engrosse ligeiramente. Mexa antes de servir.

Preaqueça o forno a 190 °C. Separe duas assadeiras grandes.

**Para montar as pit-zas:** Espalhe 2 colheres (sopa) (33 g) de Pasta de Amêndoas e Castanhas-de-Caju em cada pão. Cubra com 2 colheres (sopa) (33 g) de muhammara, espalhando por igual. Dependendo do tamanho, cada assadeira comportará 4 ou 5 pães sírios. Asse por 15 minutos, até dourar e ficar crocante. Corte cada pão em quatro fatias e sirva quente.

**SUGESTÕES E VARIAÇÕES**

Se você encontrar minipães sírios, será ainda melhor para fazer pit-zas individuais. Espalhe 1½ a 2 colheres (chá) de cada pasta por cima e asse à mesma temperatura por 8 a 10 minutos, ou até ficar crocante. A receita renderá 30 pit-zas pequenas, se você usar 2 colheres (chá) de pasta por minipão.

**DICA**

Lembre-se de que a Pasta de Amêndoas e Castanhas-de-Caju precisa ser preparada com 2 dias de antecedência!

CAPÍTULO

5

# Pequenas doçuras

## Satisfaça a vontade de doces com algumas guloseimas divertidas e deliciosas para finalizar uma refeição perfeita à base de petiscos.

Espere um minuto, a festa ainda não acabou! Portanto, não deixe a mesa tão depressa. Fique por perto para curtir a alegria em forma de doces imperdíveis e frutas criativas, além de biscoitos e bolinhos sensacionais.

PREPARE ANTES | SEM GLÚTEN

# PICOLÉS DE GENGIBRE E MANGA

Recomendamos servir estas delícias geladas, que lembram sorbets, com nossos Picolés Cremosos (p. 130), para uma explosão de prazer com cores e sabores contrastantes (veja foto à direita).

**Rende 3 xícaras (700 ml) de mistura ou 12 picolés**

- ½ xícara (120 ml) de água
- ¼ de xícara (48 g) de caldo de cana evaporado (veja o Glossário, p. 11)
- ¼ de xícara (48 g) de açúcar orgânico
- 3 a 4 colheres (sopa) (18 a 24 g) de gengibre fresco descascado e fatiado, ou 1 a 1½ colher (chá) de gengibre em pó, a gosto
- 454 g de manga em cubos, fresca ou descongelada
- ½ xícara (120 ml) de suco de laranja fresco
- 12 moldes para picolé ou copos tipo shot
- 12 palitos para picolé

Deixe ferver a água, o caldo de cana evaporado e o açúcar orgânico em uma caçarola média de fundo reforçado, em fogo médio-alto. Baixe o fogo e deixe cozinhar até que os cristais de açúcar se dissolvam, por cerca de 2 minutos, mexendo ocasionalmente. Adicione as fatias de gengibre e retire do fogo. Deixe a calda em infusão por pelo menos 30 minutos.

Despeje a calda, passando por uma peneira fina, diretamente em um liquidificador. Descarte as fatias de gengibre. (Se estiver usando gengibre em pó, não é necessário deixar em infusão, basta adicionar à água para ferver.) Deixe esfriar.

Acrescente a manga e o suco de laranja ao liquidificador e bata até obter uma mistura perfeitamente homogênea.

Despeje ¼ de xícara (60 ml) da mistura em cada molde de picolé ou copo shot, deixando um espaço de pouco menos de 6 mm no topo para permitir a expansão do líquido durante o processo de congelamento. Leve ao freezer por cerca de 2 horas, ou até a mistura solidificar o suficiente para manter o palito em pé. Insira os palitos no centro dos picolés. Retorne ao freezer e deixe de um dia para o outro. Para desenformar os picolés com facilidade, mergulhe o fundo dos moldes ou copinhos em água morna por alguns segundos. Sirva imediatamente ou mantenha no freezer até servir. Podem ser conservados em recipientes herméticos por até 2 semanas.

**SUGESTÕES E VARIAÇÕES PARA SERVIR**

Você não gosta muito de manga? Substitua por 454 g de abacaxi picado. Ou experimente misturar 227 g de cubos de manga fresca ou congelada com 227 g de cubos de abacaxi fresco ou congelado, para um sabor duplamente tropical.

PREPARE ANTES | SEM GLÚTEN

# PICOLÉS CREMOSOS

Estas guloseimas supercremosas de verão ficam ainda mais irresistíveis quando servidas com os Picolés de Gengibre e Manga (p. 128), oferecendo uma variedade de sabores para agradar a todos. Sirva assim que retirar do freezer, ou irão derreter em um piscar de olhos!

**Rende 4 xícaras (940 ml) de mistura ou 16 picolés pequenos**

**Para a limonada concentrada:**

- ¼ de xícara (48 g) de caldo de cana evaporado (veja o Glossário, p. 11)
- ¼ de xícara (60 ml) de suco fresco de laranja sanguínea ou comum
- ¼ de xícara (60 ml) de suco de limão-siciliano fresco

**Para os picolés:**

- 1½ xícara (360 g) de iogurte vegano puro ou de baunilha
- 1½ xícara (355 ml) de leite de coco integral
- ¼ de xícara e mais 2 colheres (sopa) (90 ml) de xarope de agave light
- Raspas de 1 laranja orgânica (opcional)
- 16 moldes para picolé ou copos tipo shot
- 16 palitos de madeira para picolé

**Para fazer a limonada:** Junte todos os ingredientes em uma caçarola pequena, de fundo reforçado. Deixe ferver, baixe o fogo e cozinhe até que os cristais de açúcar se dissolvam, por cerca de 2 minutos, mexendo de vez em quando. Retire do fogo e deixe esfriar por completo antes de usar.

**Para fazer os picolés:** Bata a limonada concentrada, o iogurte, o leite de coco, o xarope de agave e as raspas de laranja em um liquidificador até obter uma mistura bem homogênea. Despeje ¼ de xícara rasa (60 ml) da mistura em cada um dos 16 moldes de picolé ou copinhos tipo shot, deixando pouco menos de 6 mm no topo para permitir a expansão do líquido durante o processo de congelamento.

Leve ao freezer por cerca de 2 horas, ou até solidificar o suficiente para manter o palito em pé. Coloque os palitos no centro de todos os picolés. Retorne ao freezer e deixe de um dia para o outro. Para desenformar os picolés com facilidade, mergulhe o fundo dos moldes ou copinhos em água morna por alguns segundos. Sirva imediatamente ou mantenha no freezer até a hora de servir, pois derretem facilmente. Conserve em recipientes herméticos por até 2 semanas.

**DICA**

Para fazer picolés mais azedinhos, reduza pela metade a quantidade de agave, usando 3 colheres (sopa) (45 ml). Prove a mistura e adicione mais agave, se quiser, até atingir o sabor desejado.

**SUGESTÕES E VARIAÇÕES PARA SERVIR**

Se quiser usar a limonada concentrada para servir como suco, você poderá preparar uma quantidade maior do que a sugerida, sempre usando a mesma proporção de açúcar, suco de laranja e suco de limão-siciliano, e depois misturar 1 parte concentrada com 3 a 4 partes de água gelada, (pura ou com gás) ou chá não adoçado, a gosto.

RÁPIDO E FÁCIL | SEM GLÚTEN

# NACHOS DOCES

Se sua gula por açúcar é tão intensa que, em seu mundo, até mesmo os nachos podem ser doces, então aproveite a festa porque temos o petisco dos seus sonhos bem aqui.

**Rende 4 a 6 porções e ⅔ de xícara (160 g) de creme de nozes**

- 2 colheres (sopa) (32 g) de tahine levemente aquecido
- ¼ de xícara (64 g) de manteiga de amêndoas ou de nozes não adoçada, levemente aquecida
- 2 colheres (sopa) (30 ml) de xarope de arroz integral, maple syrup (xarope de bordo) ou xarope de agave light, levemente aquecido, ou mais se necessário
- ¼ de colher (chá) de extrato de baunilha
- Uma pitada de canela em pó
- 2 colheres (sopa) (30 ml) de leite vegano puro ou de baunilha, conforme necessário
- 1 maçã verde em fatias finas
- 1 maçã vermelha em fatias finas
- 1 pera madura e firme, em fatias finas
- 1 colher (sopa) (15 ml) de suco de limão-siciliano fresco
- 2 colheres (sopa) (20 g) de nibs de cacau ou chocolate vegano picado
- ¼ de xícara (45 g) de sementes de romã
- ¼ de xícara (28 g) de amêndoas em lâminas, tostadas
- ¼ de xícara (20 g) de coco ralado, tostado

Em uma tigela média, junte o tahine, a manteiga de amêndoas, o xarope de arroz integral, a baunilha e a canela. Adicione leite conforme necessário para obter um líquido levemente espesso, semelhante a caramelo. Ajuste a quantidade de adoçante a gosto. Reserve.

Coloque as fatias de maçã e pera em uma tigela grande. Adicione o suco de limão e misture bem para que as fatias não escureçam. Escorra para remover o excesso de suco.

Coloque as fatias de maçã e pera em uma travessa. Despeje a mistura de tahine por cima e polvilhe com os nibs de cacau, as sementes de romã, as amêndoas e o coco. Sirva imediatamente.

### SUGESTÕES E VARIAÇÕES

Se preferir servir em porções individuais, prepare esta receita e separe em 4 recipientes: basta dividir ¼ das frutas por porção e fazer o mesmo com o restante dos ingredientes.

### DICAS

- Para tostar o coco ralado e as lâminas de amêndoas, coloque-os em uma assadeira. Preaqueça o forno a 150 °C. Asse até dourar levemente, por cerca de 8 minutos, verificando e mexendo a cada 2 minutos, para não queimar. Retire do forno e reserve até a hora de servir.
- Se tiver dificuldade de encontrar sementes de romã, experimente o seguinte: reidrate ¼ de xícara (40 g) de cranberries ou cerejas desidratadas em 2 colheres (sopa) (30 ml) de suco aquecido de cranberries, cereja ou romã, por cerca de 1 hora, mexendo na metade do tempo. Escorra as frutas antes de usar.

RÁPIDO
E FÁCIL

# BANANAS CARAMELIZADAS COM MOLHO DE CHOCOLATE E PIMENTA

Em questão de minutos, é possível servir esta elegante iguaria. Se você não é muito fã de banana, use abacaxi. Gostamos de usar palitos de pretzel aqui pela saborosa diversão de mergulhá-los no chocolate, mas palitos comuns também servem, só não são comestíveis. Se os morangos forem pequenos, deixe-os inteiros.

**Rende 12 a 14 palitos**

- 2 colheres (sopa) (28 g) de manteiga vegana
- ¼ de xícara (56 g) cheia de açúcar mascavo
- 2 colheres (chá) de maple syrup (xarope de bordo)
- Uma pitada de noz-moscada ralada
- Uma pitada de sal marinho fino
- 2 bananas em rodelas de 2,5 cm (12 a 14 rodelas no total)
- 1 colher (sopa) (11 g) de gotas de chocolate vegano, meio amargo
- 1 colher (sopa) (15 ml) de leite vegano
- 1 colher (chá) de extrato de baunilha
- Uma pitada de pimenta chipotle em pó
- 12 a 14 palitos de pretzel (tipo "stisky") ou palitos de madeira
- 6 ou 7 morangos limpos e cortados ao meio (veja nota na introdução)

Derreta a manteiga numa frigideira pequena em fogo médio. Adicione o açúcar, o maple syrup, a noz-moscada e o sal. Deixe cozinhar, mexendo até a mistura borbulhar e o açúcar dissolver, por 2 a 3 minutos. Adicione as rodelas de banana e cozinhe, mexendo delicadamente para que não se quebrem, por cerca de 2 minutos. Elas devem permanecer firmes. Com uma escumadeira, retire as bananas para uma travessa e reserve.

Retire a frigideira do fogo e adicione as gotas de chocolate, o leite, a baunilha e a pimenta. Mexa sem parar até o chocolate derreter no calor residual. Despeje em uma tigela rasa. Espete uma rodela de banana e um morango em cada palito. Repita até terminar todas as frutas. Sirva imediatamente.

PREPARE ANTES | SEM GLÚTEN

# DELÍCIA EM DOBRO DE MORANGO COM CHOCOLATE

Isto é um colírio para os olhos e uma festa na boca! É difícil dar o rendimento exato da receita, porque os morangos variam em tamanho. Certifique-se de ter à mão um pouco a mais de tudo, caso precise se adaptar ao tamanho das frutas.

**Rende 14 morangos e 1½ xícara (310 g) de cobertura**

**Para a cobertura cremosa:**

½ xícara (88 g) de gotas de chocolate vegano

½ xícara (130 g) de Pasta de Amêndoas e Castanhas-de-Caju (p. 121)

¼ de xícara e mais 2 colheres (sopa) (75 g) de creme de coco (parte de cima do leite de coco decantado, veja no Glossário, p. 11)

¼ de xícara (30 g) de açúcar de confeiteiro com baunilha (veja a Dica na p. 143) ou açúcar de confeiteiro comum

½ colher (chá) de extrato de amêndoas

**Para os morangos recobertos:**

⅓ de xícara (58 g) de gotas de chocolate meio amargo vegano

1 colher (chá) de óleo de coco derretido

454 g de morangos grandes (cerca de 14 unidades), limpos e secos

¾ de xícara (90 g) de amendoim torrado e moído ou nozes moídas de sua preferência

**Para fazer a cobertura cremosa:** Coloque ½ xícara (88 g) de gotas de chocolate em uma panela para banho-maria e deixe derreter em fogo médio, mexendo até ficar homogêneo. Se não tiver uma panela dessas, coloque uma tigela refratária sobre uma panela de água fervente. Tenha cuidado para não deixar respingar água no chocolate, ou vai desandar.

Junte a pasta de amêndoas, o creme de coco, o açúcar, o extrato de amêndoa e o chocolate derretido em um processador. Bata até ficar homogêneo, parando para raspar as laterais com uma espátula de silicone. Transfira para uma tigela média e cubra com tampa ou filme plástico. Leve o creme à geladeira para firmar por cerca de 4 horas.

**Para fazer os morangos recobertos:** Junte ⅓ de xícara (58 g) de gotas de chocolate e o óleo de coco em uma panela para banho-maria e deixe derreter em fogo médio, mexendo até ficar homogêneo. (Veja acima.)

Mergulhe cada morango completamente seco no chocolate derretido. Deixe o excesso de chocolate escorrer na tigela. Passe o morango no amendoim e coloque sobre uma folha de papel-manteiga para o chocolate firmar por cerca de 1 hora.

Coloque o creme gelado em um saco de confeiteiro equipado com um bico de sua preferência. Decore cada morango com o creme. Sirva a seguir, pois os morangos são bem mais saborosos quando não estão gelados.

SEM GLÚTEN

# PIPOCA CARAMELADA COM TAHINE

A pipoca é um dos mais típicos petiscos para comer com as mãos; por isso não tivemos escolha senão incluir uma receita com ela neste livro. Adoramos o sabor acastanhado do tahine combinado com o caramelo, lembrando aqueles doces crocantes de gergelim que infelizmente costumam ser preparados com mel.

**Rende 340 g**

**Para a pipoca:**

1½ colher (sopa) (23 ml) de óleo de semente de uva ou amendoim

¼ de xícara (46 g) de milho de pipoca

Uma pitada de sal marinho fino

**Para o caramelo:**

1 xícara (200 g) de açúcar mascavo claro

¼ de xícara (60 ml) de xarope de arroz integral

2 colheres (sopa) (30 ml) de água

Uma pitada de sal marinho fino

¼ de xícara (64 g) de tahine

1 colher (chá) de extrato de baunilha

¼ de colher (chá) de bicarbonato de sódio

**DICAS**

- Se você tiver à mão pipoca já estourada de boa qualidade, vai precisar de 5 xícaras (70 g) para esta receita.
- Os pratos vão ficar bem lambuzados, mas basta mergulhá-los em água quente por algum tempo e não será preciso esfregar muito para deixá-los limpos.

**Para estourar a pipoca:** Aqueça o óleo numa panela grande em fogo médio. Adicione um pouco dos grãos ao óleo, tampe a panela e espere até ouvir os estouros. Assim que o milho na panela começar a pipocar, adicione o restante, torne a tampar e retire do fogo por 30 segundos. Retorne a panela ao fogo. Os grãos devem começar a estourar ao mesmo tempo. Agite a panela para evitar que a pipoca queime. Levante a tampa para liberar o vapor e tente mantê-la erguida. Quando o estouro diminuir bastante, remova a panela do fogo. Você vai precisar de 5 xícaras (70 g) de pipoca para esta receita, que é o rendimento estimado, mas recomendamos medir para saber ao certo. Coloque as pipocas em uma tigela grande. Adicione uma pitada de sal, agite para misturar e reserve. Separe um tapete de silicone ou um grande pedaço de papel-manteiga.

**Para fazer o caramelo:** Junte o açúcar mascavo, o xarope, a água e o sal em uma panela média de fundo reforçado, e cozinhe em fogo médio até dissolver o açúcar, por cerca de 2 minutos. Deixe a mistura fervilhar, baixe o fogo para médio-baixo e cozinhe por 8 minutos, mexendo de vez em quando. Retire do fogo e adicione o tahine, mexendo até ficar homogêneo. Acrescente a baunilha e o bicarbonato de sódio, mexendo bem. Despeje imediatamente a mistura quente sobre a pipoca e mexa depressa para cobrir. Coloque a pipoca caramelada no tapete de silicone ou sobre o papel-manteiga para esfriar completamente antes de quebrá-la em pedaços. Sirva ou guarde em um recipiente hermético por até 2 dias.

PREPARE ANTES | RÁPIDO E FÁCIL | SEM GLÚTEN

# NOZES CARAMELADAS COM CANELA

Perfeitamente condimentadas, sem um sabor exageradamente doce, estas nozes são rápidas e fáceis de fazer, e muito elogiadas! Você vai querer ter cópias desta receita à mão — é só provar uma vez para seus convidados pedirem mais!

**Rende 2 xícaras (255 g) de nozes carameladas**

- Óleo em spray para untar
- 3 colheres (sopa) (45 ml) de maple syrup (xarope de bordo)
- 2 colheres (sopa) (28 g) de açúcar mascavo
- 1 colher (sopa) (15 ml) de óleo vegetal
- ¾ de colher (chá) de canela em pó
- ½ colher (chá) de extrato de baunilha
- Uma pitada de pimenta-da-jamaica moída
- Uma pitada de sal marinho fino
- 2 xícaras (227 g) de nozes ou pecãs em metades

Preaqueça o forno a 170 °C. Forre uma assadeira grande com papel-manteiga. Unte levemente o papel com o óleo em spray.

Misture o maple syrup, o açúcar, o óleo, a canela, a baunilha, a pimenta-da-jamaica e o sal em uma tigela média. Adicione as nozes e mexa bem. Espalhe a mistura na assadeira forrada em uma única camada. Leve ao forno por 15 a 17 minutos. O caramelo vai borbulhar nas nozes. Retire do forno e deixe na assadeira, mexendo de vez em quando para aproveitar o caramelo restante no papel-manteiga. Depois de esfriar completamente, quebre em pedaços e guarde em recipiente hermético, em temperatura ambiente.

PREPARE ANTES | SEM GLÚTEN

# BOMBONS BUCKEYES

Estes bombons lembram os buckeyes, uma tradição em Ohio, nos Estados Unidos. Reduzimos a quantidade de açúcar — por isso os nossos não são enjoativos — e acrescentamos flocos de arroz, que trazem uma textura crocante surpreendente! Durante o preparo, resolvemos adicionar um pouco de canela também, porque o creme de amendoim adora canela. E nós também!

**Rende 12 bombons**

- 2 colheres (sopa) (28 g) de manteiga vegana
- ½ xícara (128 g) de pasta de amendoim
- 1 colher (chá) de extrato de baunilha
- ½ xícara (60 g) de açúcar de confeiteiro peneirado
- ½ colher (chá) de canela em pó
- 1 colher (sopa) (15 ml) de leite vegano, se necessário
- ¾ de xícara (23 g) de flocos de arroz
- ¾ de xícara (132 g) de gotas de chocolate vegano meio amargo
- Sal grosso, para decorar

**DICAS**

- É importante usar uma pasta de amendoim mais espessa nesta receita, ou você precisará aumentar muito a quantidade de açúcar para obter a textura certa.
- Se não tiver uma panela para banho-maria, consulte o método alternativo recomendado na receita de Bombons com Caramelo e Nozes (p. 141).

Forre uma assadeira grande com uma folha de papel-manteiga ou um tapete de silicone.

Usando uma batedeira de mão, bata a manteiga, o creme de amendoim e a baunilha em uma tigela média. Junte o açúcar e a canela. A mistura pode ficar ligeiramente esfarelada. Adicione até 1 colher (sopa) (15 ml) de leite, se necessário, para obter uma massa maleável, com a consistência de um glacê espesso. Com as mãos, incorpore os flocos de arroz.

Leve a mistura à geladeira por 15 minutos (no máximo 45 minutos), até que esteja firme o suficiente para moldar. Enrole 12 bolinhas, usando 1 colher (sopa) (20 g) de massa por unidade. Coloque na assadeira forrada e deixe na geladeira enquanto derrete as gotas de chocolate.

Usando uma panela para banho-maria sobre água fervente, derreta o chocolate, mexendo sem parar.

Retire as bolinhas da geladeira. Espete um palito em uma bolinha e mergulhe no chocolate derretido até quase cobrir, deixando um pouco de massa exposta para parecer um olho. Coloque na assadeira forrada e repita com as demais. Polvilhe cada bombom com uma pitada de sal grosso. Leve à geladeira por 30 minutos, ou até que o chocolate esteja firme. Os bombons podem ser conservados na geladeira em recipiente hermético por até 1 semana.

PREPARE ANTES | SEM GLÚTEN

# TRUFAS DE CHOCOLATE E CERVEJA

Ao moldar as trufas, você terá que trabalhar depressa por causa do calor das mãos. Não fique muito longe da pia, porque certamente vai querer lavar as mãos assim que terminar. E não se preocupe se as trufas não saírem perfeitamente redondas: as verdadeiras (os cogumelos) não são assim, o que faz parte do seu charme. Apostamos que seus convidados não vão se importar!

**Rende 30 trufas**

- 340 g de chocolate vegano meio amargo, de boa qualidade, picado
- ½ xícara (120 ml) de cerveja stout de chocolate vegana (sem glúten)
- 2 colheres (sopa) (30 ml) de leite vegano
- 2 colheres (sopa) (28 g) de óleo de coco solidificado
- ½ xícara (40 g) de cacau em pó sem açúcar, peneirado

Coloque o chocolate em uma tigela média. Deixe ferver a cerveja, o leite e o óleo de coco em uma panela pequena de fundo reforçado, em fogo médio-alto, até o óleo dissolver. Retire do fogo e despeje sobre o chocolate, mexendo até derreter. Deixe esfriar em temperatura ambiente por 30 minutos e leve a tigela à geladeira até firmar, por cerca de 1 hora.

Peneire o cacau em pó numa tigela rasa. Pegue 1 colher (sopa) (16 g) da mistura de chocolate e enrole rapidamente entre as mãos formando uma bolinha. Passe a trufa no cacau em pó e repita com o restante da mistura. A receita deve render cerca de 30 trufas.

Sirva imediatamente ou conserve na geladeira em recipiente hermético. As trufas estarão mais firmes quando geladas, por isso, se preferi-las um pouco mais macias, retire cerca de 15 minutos antes de servir. Se o cacau em pó sobrar, não jogue fora: as trufas que não forem consumidas de imediato podem ser polvilhadas outra vez, para dar um retoque em sua aparência, já que a cobertura de cacau tende a desaparecer parcialmente em algumas horas, por causa da umidade das trufas. Conserve o que sobrar em um recipiente hermético na geladeira por até 2 semanas.

**DICA**

Se preferir um sabor mais acentuado de cerveja, reduza 1 xícara (235 ml) da bebida a ½ xícara (120 ml) numa panela pequena em fogo médio por 15 a 20 minutos.

PREPARE ANTES | SEM GLÚTEN

# BOMBONS COM CARAMELO E NOZES

Não se surpreenda se estas guloseimas sumirem como num passe de mágica no meio da noite. Afinal de contas, quem resiste ao trio dos sonhos, nozes, chocolate e caramelo, juntos nestes bombons de lamber os dedos?

**Rende 693 g**

- 1 xícara (220 g) cheia de açúcar de coco
- ½ xícara (120 ml) de leite de coco integral (agite o vidro antes de medir)
- ¼ de colher (chá) de sal marinho fino (se os amendoins não forem salgados)
- ½ colher (chá) de extrato de baunilha
- ½ xícara (60 g) de amendoins salgados e torrados
- ½ xícara (56 g) de amêndoas em lâminas
- ½ xícara (60 g) de nozes-pecãs tostadas
- 340 g de gotas de chocolate vegano meio amargo

Forre uma fôrma retangular grande com papel-manteiga.

Junte o açúcar, o leite de coco e o sal em uma panela média de fundo reforçado, em fogo médio-alto. Mexa com uma colher de pau até dissolver o açúcar, por cerca de 2 minutos, e depois pare de mexer.

Coloque um termômetro culinário para açúcar na mistura e deixe ferver em fogo médio até atingir 115 °C, em 6 a 8 minutos. (Tenha cuidado porque a mistura estará extremamente quente e vai borbulhar enquanto cozinha!) Retire do fogo; adicione a baunilha e as nozes, mexendo bem. Despeje por igual sobre a fôrma forrada. Quando esfriar, leve a fôrma à geladeira para firmar, por cerca de 2 horas.

Retire as nozes carameladas da assadeira, pique e reserve.

Forre uma assadeira de 22 cm × 17 cm ou uma quadrada de 20 cm com papel-manteiga.

Derreta as gotas de chocolate em uma panela para banho-maria em fogo médio, mexendo até ficar homogêneo. Se não tiver uma panela dessas, basta colocar uma tigela refratária sobre uma panela com água fervente. Tenha cuidado para não deixar respingar água no chocolate, ou vai desandar.

Despeje a metade do chocolate derretido na assadeira forrada e espalhe de modo uniforme com a ajuda de uma espátula, cobrindo toda a superfície. Adicione ⅔ das nozes carameladas picadas distribuindo-as por igual. Despeje o restante do chocolate sobre as nozes, espalhando de modo uniforme com uma espátula. Espalhe o ⅓ restante das nozes picadas no topo. Leve à geladeira por 1 hora para firmar.

Retire da geladeira e corte em quadrados de aproximadamente 2 cm. Guarde as sobras em um recipiente hermético, em temperatura ambiente ou na geladeira (dependendo do clima) por até 4 dias.

PREPARE ANTES

# TORTINHAS COM CREME DE BAUNILHA

Por diversas vezes, já foi comprovado: ninguém resiste a uma tortinha! Especialmente se as tortinhas em questão dão vida à bandeja de sobremesa da festa, lindamente decoradas com frutas vermelhas frescas e polvilhadas de açúcar aromatizado com baunilha.

**Rende 12 tortinhas**

**Para o recheio:**

- ½ xícara (60 g) de açúcar de confeiteiro com baunilha (veja a Dica), e um pouco mais para decorar
- 1⅓ xícara (192 g) de Creme Chantili de Coco (p. 163)
- ½ xícara e mais 2 colheres (sopa) (163 g) de Pasta de Amêndoas e Castanhas-de-Caju (p. 121)
- Raspas de ½ limão-siciliano orgânico

**Para as bases e a decoração:**

- Óleo em spray para untar
- 1¾ xícara (210 g) de farinha de trigo integral
- ¼ de colher (chá) de sal marinho fino
- ¼ de xícara (60 ml) de óleo vegetal
- ¼ de xícara (60 ml) de maple syrup (xarope de bordo)
- 2 colheres (sopa) (30 ml) de água fria, conforme necessário
- 170 g de framboesas frescas, lavadas e secas
- 125 g de mirtilos frescos, lavados e secos

**DICA**

Para fazer o açúcar aromatizado com baunilha, misture 1 xícara (120 g) de açúcar de confeiteiro com 1 fava de baunilha cortada ao meio e conserve em recipiente hermético por 2 dias. Haverá uma sobra nesta receita de ⅓ de xícara (40 g) que poderá ser aproveitada em outras receitas.

**Para fazer o recheio:** Retire a fava de baunilha do açúcar. Junte o chantili de coco, a pasta de amêndoas, o açúcar e as raspas de limão em uma tigela grande. Adicione as sementes da fava de baunilha. Misture delicadamente para não desmanchar a textura aerada do chantili. Cubra com filme plástico e guarde na geladeira por 2 horas ou de um dia para o outro, para firmar.

**Para fazer as bases:** Preaqueça o forno a 180 °C. Unte levemente com o óleo em spray 12 forminhas de 7,5 cm.

Junte a farinha e o sal em uma tigela média. Despeje o óleo e o maple syrup, mexendo com um garfo para obter uma textura esfarelada. Adicione a água, 1 colher (sopa) (15 ml) por vez, o suficiente para obter uma massa. Coloque a massa sobre um pedaço de papel-manteiga ou tapete de silicone e divida em 12 partes iguais, cada uma com cerca de 30 g.

Sove levemente cada porção até formar um disco de 6 cm. Coloque cada disco em uma das forminhas untadas e pressione no fundo e nas laterais até ficar a cerca de 1,3 cm da borda. Faça furos nas massas espetando com um garfo.

Asse por 13 minutos, ou até que as bases estejam douradas. Deixe esfriar completamente nas forminhas e depois retire para montar.

Adicione 2 colheres (sopa) (35 g) de recheio a cada base fria.

Leve à geladeira por 2 horas para firmar. Decore com as frutas vermelhas antes de servir. Peneire um pouco do açúcar no topo, se desejar. Estas tortinhas são muito melhores enquanto frescas.

PREPARE ANTES

# TORTINHAS COM CREME DE AMENDOIM E GELEIA

Você vai se apaixonar pela maciez e cremosidade destas tortinhas, que ficarão docemente mais brilhantes graças à adição de sua geleia favorita. Pessoalmente, preferimos geleia caseira de framboesa.

**Rende 12 tortinhas**

**Para as bases:**

- Óleo em spray para untar
- 1¾ xícara (210 g) de farinha de trigo integral
- ¼ de colher (chá) de sal marinho fino
- ¼ de xícara (60 ml) de óleo vegetal
- ¼ de xícara (60 ml) de maple syrup (xarope de bordo)
- 2 colheres (sopa) (30 ml) de água bem fria, conforme necessário

**Para o recheio:**

- ¼ de xícara (80 g) de geleia com o sabor de sua preferência
- ¾ de xícara (192 g) de creme de amendoim, em temperatura ambiente
- ½ xícara (60 g) de açúcar de confeiteiro, ou mais se necessário
- 170 g de chocolate vegano meio amargo, bem picado

**Para fazer as bases:** Preaqueça o forno a 180 °C. Unte levemente com o óleo em spray 12 forminhas de 7,5 cm.

Junte a farinha, o sal, o óleo e o xarope em um processador. (Para instruções sobre como fazer a massa à mão, consulte a receita de Tortinhas com Creme de Baunilha, p. 143.) Pulse para misturar. Adicione a água aos poucos, conforme necessário, até obter uma massa. Coloque a massa em um pedaço de papel-manteiga e divida em 12 porções iguais, cada uma com cerca de 30 g.

Sove levemente cada porção até formar um disco de 6 cm. Coloque os discos nas forminhas untadas e pressione no fundo e nas laterais até cerca de 1,3 cm das bordas. Faça furos nas massas espetando com um garfo.

Asse por 13 minutos, ou até que as bordas estejam douradas. Deixe esfriar nas forminhas e depois retire para montar.

**Para fazer o recheio:** Coloque 1 colher (chá) generosa de geleia em cada base fria, espalhando de modo uniforme. Leve à geladeira por 30 minutos para assentar.

Usando uma batedeira, misture o creme de amendoim e o açúcar até ficar espesso. Se necessário, adicione mais açúcar, 1 colher (sopa) (8 g) por vez, para obter uma massa firme. Use as mãos, se necessário, para deixar a massa mais maleável. Divida em 12 porções iguais.

Sove levemente cada porção até formar um disco de 5 cm. Coloque o disco sobre a geleia firme, pressionando levemente para ajustar à base.

Derreta o chocolate em uma panela para banho-maria (veja p. 134). Coloque 2 colheres (chá) do chocolate derretido no centro de cada tortinha, espalhando para cobrir. Deixe o chocolate firmar antes de servir, por cerca de 30 minutos. Guarde o que sobrar em recipiente hermético, em temperatura ambiente ou na geladeira por até 2 dias.

PREPARE ANTES

# COOKIES COM GOTAS DE CHOCOLATE

Adoramos o sabor sutil do suco de laranja nestes cookies macios que casam perfeitamente com um chá da tarde, acompanhados (do que mais poderia ser?) de uma xícara fumegante do seu chá favorito e uma saudável dose de risos e fofocas.

**Rende 24 cookies**

- ¼ de xícara (60 ml) de óleo vegetal
- ¼ de xícara (55 g) de açúcar mascavo claro
- ¼ de xícara e mais 2 colheres (sopa) (72 g) de caldo de cana evaporado (veja o Glossário, p. 11)
- 3 colheres (sopa) e mais 1 colher (chá) (50 ml) de suco de laranja fresco
- 1 colher (chá) de extrato de baunilha
- ½ colher (chá) de garam masala ou canela em pó
- ½ colher (chá) de sal marinho fino
- ½ xícara (60 g) de nozes moídas
- 57 g de chocolate vegano amargo, picado
- 1½ xícara (180 g) de farinha de trigo integral
- ½ colher (chá) de fermento em pó

Preaqueça o forno a 180 °C. Forre duas assadeiras com papel-manteiga ou tapetes de silicone.

Em uma tigela grande, misture o óleo, o açúcar, o caldo de cana evaporado, o suco de laranja, a baunilha, o garam masala, o sal, as nozes e o chocolate. Peneire a farinha e o fermento sobre a mistura úmida. Mexa bem até incorporar.

Retire 1 colher (sopa) (22 g) cheia de massa. Esta receita deve render cerca de 24 cookies (12 por assadeira). Deixe cerca de 2,5 cm de espaço entre eles. Achate ligeiramente os cookies porque eles não vão se espalhar muito ao assar.

Asse por 12 minutos: os cookies parecerão inflados ao saírem do forno, mas vão murchar logo depois. Deixe nas assadeiras por 2 minutos antes de transferir para uma grade até esfriar por completo. Sirva ou guarde em recipiente hermético, em temperatura ambiente por até 4 dias.

**DICAS**

- Você não gosta de nozes? Então use a mesma quantidade de pecãs ou amêndoas.
- Se você não tem o costume de usar o garam masala, pode substituí-lo pela mesma quantidade de canela em pó. Mas não deixe de ousar: o garam masala acrescenta um sutil sabor picante, muito mais intenso do que a já extraordinária canela. Pode acreditar.

PREPARE ANTES

# BISCOITOS LINZER DE FIGO

Estes biscoitos recheados devem ser preparados pelo menos 4 horas antes de servir para ficarem bem macios. O recheio rende o dobro da quantidade necessária para esta receita e pode ser usado nos Canapés de Figo e Nozes (p. 121), para servir com torradas e como acompanhamento de queijos veganos.

**Rende 12 biscoitos comuns e 6 menores e 1½ xícara (438 g) de pasta**

**Para a pasta de figo:**

227 g de figos desidratados, sem talos e picados

Raspas de ½ laranja orgânica

1 xícara (235 ml) de suco de laranja fresco

2 colheres (sopa) (24 g) de açúcar orgânico

Uma pitada de sal marinho fino

½ colher (chá) de extrato de baunilha

**Para a massa do biscoito:**

3 colheres (sopa) (45 ml) de óleo vegetal

¼ de xícara (60 g) de iogurte vegano puro ou de baunilha

¼ de xícara e mais 2 colheres (sopa) (72 g) de caldo de cana evaporado (veja o Glossário, p. 11)

¼ de xícara e mais 2 colheres (sopa) (72 g) de açúcar orgânico

1 colher (chá) de extrato de baunilha

½ colher (chá) de extrato de laranja, opcional

½ xícara (60 g) de farinha de amêndoas

1½ xícara (180 g) de farinha de trigo integral

1 colher (chá) de canela em pó

½ colher (chá) de fermento em pó

½ colher (chá) de sal marinho fino

**Para fazer a pasta de figo:** Junte os figos, as raspas e o suco de laranja, o açúcar orgânico e o sal em uma panela média. Deixe ferver, abaixe o fogo e cozinhe por 15 minutos, mexendo de vez em quando. Retire do fogo, adicione a baunilha e mexa; tampe e deixe esfriar. Em um liquidificador, bata até obter uma pasta quase homogênea. Leve à geladeira até a hora de servir.

**Para fazer a massa do biscoito:** Preaqueça o forno a 180 °C. Forre duas assadeiras com papel-manteiga ou tapetes de silicone. Junte o óleo, o iogurte, o caldo de cana evaporado, o açúcar orgânico e os extratos em uma tigela média e misture bem.

Coloque as farinhas de amêndoa e de trigo, a canela, o fermento e o sal em um processador. Pulse para misturar. Adicione a mistura líquida, pulsando até formar uma massa.

Usando um rolo, abra a massa com pouco menos de 6 mm de espessura sobre papel-manteiga. Corte os biscoitos com um cortador de 6 cm e coloque nas assadeiras forradas. Junte as aparas da massa sovando levemente e abra com o rolo. Corte mais biscoitos e repita até terminar a massa. Você deverá obter 24 biscoitos. Use um cortador de 4 cm para remover o centro de 12 biscoitos (esses pequenos biscoitos vão requerer o mesmo tempo de forno).

Asse todos os biscoitos por 12 minutos, ou até dourar a base. Deixe na assadeira por 2 minutos antes de passar para uma grade de resfriamento.

Espalhe 1 colher (sopa) rasa (16 g) da pasta de figo no centro de cada biscoito inteiro, sem chegar às bordas. Cubra com os biscoitos vazados e pressione levemente. Espalhe a pasta em 6 biscoitos pequenos, 1 colher (chá) rasa em cada, e cubra com o restante dos biscoitos. Reserve em recipiente hermético por algumas horas antes de servir. Conserve as sobras em recipiente hermético, em temperatura ambiente, por até 2 dias.

PREPARE ANTES

# BISCOITOS SNICKERDOODLES

Não temos interesse em apontar favoritos, mas se você estiver pensando em montar uma mesa de guloseimas doces, apostamos que estes biscoitos de nome divertido, e delicadamente aromatizados com especiarias, serão os primeiros a desaparecer.

**Rende 22 cookies**

- ¼ de xícara e mais 1 colher (sopa) (75 ml) de óleo vegetal
- ½ xícara e mais 1½ colher (sopa) (114 g) de caldo de cana evaporado (veja o Glossário, p. 11)
- ¼ de xícara (48 g) de açúcar mascavo claro
- 2 a 3 colheres (sopa) (30 a 45 ml) de leite vegano de baunilha, conforme necessário
- ½ colher (chá) de extrato de baunilha
- 1½ xícara (180 g) de farinha de trigo
- ½ colher (chá) de bicarbonato de sódio
- 1 colher (chá) de canela em pó
- ½ colher (chá) de gengibre em pó
- ¼ de colher (chá) de noz-moscada em pó
- ½ colher (chá) de sal marinho fino

Preaqueça o forno a 190 °C. Forre duas assadeiras com papel-manteiga ou tapetes de silicone.

Junte o óleo, ½ xícara (96 g) do caldo de cana evaporado, o açúcar mascavo, 2 colheres (sopa) (30 ml) de leite e a baunilha em uma tigela grande. Em uma tigela média, misture a farinha, o bicarbonato de sódio, metade da canela em pó, o gengibre, a noz-moscada e o sal. Adicione os ingredientes secos aos molhados, misturando com as mãos, se necessário. Se a massa estiver muito seca e não grudar facilmente, acrescente o restante de leite (15 ml), na dosagem de 1 colher (chá) por vez.

Use 1 colher (sopa) cheia (20 g) de massa para modelar em pequenas bolas. Coloque-as nas assadeiras com um espaço de cerca de 2,5 cm entre elas.

Misture a 1½ colher (sopa) (18 g) restante do caldo de cana evaporado com a metade restante de canela em uma tigela e passe cada bola de massa do biscoito na mistura.

Achate as bolas ligeiramente sobre as assadeiras forradas e leve ao forno por 8 minutos, até os biscoitos ficarem inflados. Deixe descansar nas assadeiras por 2 minutos antes de passar para uma grade para esfriar completamente. Não deixe os biscoitos na assadeira por mais tempo: queremos que fiquem firmes, mas não secos. Conserve em recipiente tampado, em temperatura ambiente, por até 2 dias.

PREPARE ANTES

# MEIAS-LUAS DE AMÊNDOAS

Um simples biscoito amanteigado com sabor de amêndoas e formato de meia-lua, polvilhado com açúcar, agrada especialmente durante as festas de fim de ano. (Mas esses biscoitos são tão saborosos, e a receita tão simples, que você provavelmente vai servi-los o ano todo!)

**Rende 17 cookies**

- ½ xícara (60 g) de farinha de amêndoa
- 1¼ xícara (150 g) de farinha de trigo integral
- 3 colheres (sopa) (36 g) de caldo de cana evaporado (veja o Glossário, p. 11)
- ¼ de colher (chá) de sal marinho fino
- ¼ de xícara (60 ml) de xarope de agave light ou maple syrup (xarope de bordo)
- ¼ de xícara (56 g) de óleo de coco derretido
- 1 colher (chá) de extrato de amêndoas
- ½ colher (chá) de extrato de baunilha
- 3 colheres (sopa) (23 g) de açúcar de confeiteiro para polvilhar

Preaqueça o forno a 170 °C. Forre uma assadeira grande com papel-manteiga ou um tapete de silicone.

Junte as farinhas, o caldo de cana evaporado e o sal em um processador. Adicione o xarope de agave, o óleo de coco e os extratos, pulsando até obter uma massa.

Sove a massa algumas vezes. Usando 1 colher (sopa) cheia (20 g) de massa por vez, modele um rolinho e depois forme uma meia-lua, achatando levemente para que o biscoito asse de modo uniforme. Você pode umedecer os dedos para facilitar a modelagem. Coloque-os na assadeira com cerca de 2,5 cm de espaço entre eles.

Asse por 18 minutos, ou até que os biscoitos estejam dourados nas bordas e na base. O aroma lhe dirá quando estarão quase prontos para sair do forno, por isso preste muita atenção.

Transfira os biscoitos com cuidado para uma grade para esfriarem completamente. Peneire o açúcar sobre os biscoitos frios. Sirva e guarde o que sobrar em recipientes herméticos, em temperatura ambiente, por até 2 dias.

**SUGESTÕES E VARIAÇÕES PARA SERVIR**

Dispense o açúcar polvilhado e mergulhe os biscoitos até a metade (ou ambas as pontas) em chocolate vegano derretido. Preferimos manter mínima a cobertura de chocolate, por isso recomendamos começar com apenas ¼ de xícara (44 g) de chocolate vegano meio amargo, e derreter mais se desejado, para evitar sobras. Coloque o chocolate em uma panela para banho-maria e aqueça em fogo médio, mexendo até derreter. Se não tiver uma panela dessas, coloque uma tigela refratária sobre uma panela com água fervente. Tome cuidado para não deixar respingar água no chocolate, ou vai desandar.

# PASTEIZINHOS DE NOZES-PECÃS

Vamos cumprir nossa promessa de uma receita doce usando a Massa para Frituras (p. 100). Esta iguaria lembra uma torta de nozes-pecãs, polvilhada com açúcar e canela para um acabamento extra de doçura.

**Rende 20 pasteizinhos**

- ¼ de xícara (35 g) de castanhas-de-caju cruas
- 1 colher (sopa) e mais 1 colher (chá) (20 ml) de creme de soja
- 1 colher (chá) de extrato de baunilha
- ½ colher (chá) de suco de limão-siciliano fresco
- 3 colheres (sopa) (23 g) de açúcar de confeiteiro
- ½ xícara (96 g) de caldo de cana evaporado (veja o Glossário, p. 11)
- ½ colher (chá) de canela em pó
- Farinha de trigo para polvilhar
- 1 receita de Massa para Frituras (p. 100)
- ¼ de xícara e mais 3 colheres (sopa) (44 g) de nozes-pecãs picadas
- Óleo vegetal para cozinhar

Junte as castanhas-de-caju, o creme de soja, a baunilha e o suco de limão em um liquidificador e bata até obter uma mistura homogênea. Adicione o açúcar e bata até incorporar.

Polvilhe levemente uma assadeira com farinha. Junte o caldo de cana evaporado e a canela em um saco de papel pequeno e agite para misturar.

Em uma superfície levemente enfarinhada, abra metade da massa de fritura com uma espessura de menos de 3 mm. Corte 20 quadrados de 7,5 cm, incorporando as aparas à massa. Encha cada quadrado com ½ colher (chá) da mistura de castanhas-de-caju e 1 colher (chá) de pecãs. Dobre para formar um triângulo e sele firmemente as bordas com os dedos umedecidos. Se não forem bem selados, vão vazar durante a fritura. Coloque na assadeira enfarinhada e repita até que toda a massa seja usada.

Forre uma assadeira com papel-toalha. Aqueça uma fritadeira a 190 °C ou, então, aqueça 2,5 cm de óleo em uma caçarola de fundo reforçado. Frite alguns pasteizinhos por vez até dourar, por cerca de 4 minutos. Vire para fritar o outro lado, por cerca de 3 minutos. Transfira para a assadeira forrada com papel-toalha e deixe escorrer por 1 minuto antes de passar para o saco com açúcar e canela. Agite para cobrir. Sirva quente, morno ou em temperatura ambiente, logo após o preparo.

**SUGESTÕES E VARIAÇÕES PARA SERVIR**

Encha cada quadrado de massa com 2 colheres (chá) de geleia caseira de framboesa. Frite como indicado na receita. Dispense a canela. Polvilhe com açúcar para servir.

PREPARE ANTES

# BOCADOS DE GOJI BERRIES E CACAU

Se você prefere petiscos mais nutritivos, temos uma solução tentadora na forma de pequenos bocados de granola macia, recheados com misturas fáceis de substituir, caso suas preferências sejam diferentes das nossas.

**Rende cerca de 50 bocados**

- 2 xícaras (160 g) de aveia em flocos
- ½ xícara (60 g) de gérmen de trigo torrado
- ½ xícara (60 g) de farinha de amêndoas
- 2 colheres (sopa) (16 g) de linhaça dourada torrada
- 2 colheres (sopa) (30 g) de sementes de chia
- ½ xícara (60 g) de nozes picadas
- ⅓ de xícara (44 g) de sementes de girassol ou outras, torradas e picadas
- ⅓ de xícara (45 g) de goji berries ou outras frutas vermelhas desidratadas
- ⅓ de xícara (47 g) de nibs de cacau ou chocolate vegano picado
- 1 colher (chá) de garam masala ou canela em pó
- ½ colher (chá) de gengibre em pó
- ¼ de colher (chá) de sal marinho fino
- ½ xícara e mais 2 colheres (sopa) (120 g) de açúcar orgânico
- ½ xícara (120 ml) de xarope de agave light
- ¼ de xícara (60 ml) de óleo vegetal
- 1 colher (chá) de extrato de baunilha

Forre uma assadeira quadrada de 20 cm com papel-manteiga.

Em uma tigela grande, misture a aveia, o gérmen de trigo, a farinha de amêndoa, a linhaça, a chia, as nozes, o girassol, os goji berries, o cacau, o garam masala, o gengibre e o sal. Em uma panela média, junte o açúcar orgânico, o agave e o óleo. Deixe a mistura ferver, baixe o fogo e cozinhe por cerca de 2 minutos, até que os cristais de açúcar comecem a dissolver. Retire do fogo e misture a baunilha. Adicione a mistura líquida aos ingredientes secos e mexa bem.

Despeje a mistura na assadeira forrada, cubra com um pedaço de papel-manteiga e pressione firmemente contra o fundo da assadeira, nivelando a superfície. Leve à geladeira por 2 horas. Desenforme sobre uma tábua e corte em quadrados de aproximadamente 3 cm. A mistura pode estar um pouco macia ainda, mas basta pressionar se algum pedaço se desprender; a massa é pegajosa o suficiente para isso.

Preaqueça o forno a 150 °C. Forre três assadeiras com papel-manteiga ou tapetes de silicone.

Coloque ⅓ dos quadrados de granola em cada assadeira forrada, deixando pelo menos 2,5 cm de espaço entre eles.

Asse por 12 a 15 minutos, apenas até dourar levemente no topo. Deixe esfriar na assadeira durante 15 minutos antes de colocar em uma grade. Deve esfriar por completo antes de ser guardado em recipiente hermético, em temperatura ambiente, por até 1 semana.

PREPARE ANTES

# MIX DE GRANOLA

A porção enorme que esta receita rende nunca dura muito, mesmo quando não temos hóspedes para nos ajudar a consumir. Além disso, uma constatação óbvia: a parte de granola deste mix é excelente sem os extras e combina com leite vegano para o café da manhã, transformando um petisco radical em um cereal matinal de comer com a colher.

**Rende 1,4 kg**

- ¼ de xícara (60 ml) de maple syrup (xarope de bordo)
- ¼ de xícara (60 ml) de xarope de arroz integral
- ¼ de xícara (48 g) de açúcar orgânico
- 1 xícara (256 g) de manteiga de amêndoas crocante, sem sal, ou creme de amendoim
- 1½ colher (chá) de extrato de baunilha
- ¼ de xícara (60 ml) de óleo vegetal
- ½ colher (chá) rasa de sal marinho fino
- 2 colheres (chá) de canela em pó
- ½ colher (chá) de gengibre em pó
- ¼ de colher (chá) de pimenta-da-jamaica
- ¼ de colher (chá) de noz-moscada em pó
- 3 xícaras (240 g) de aveia em flocos ou outros cereais (como espelta ou centeio)
- ¾ de xícara (90 g) de gérmen de trigo
- 1 xícara (176 g) de gotas de chocolate vegano meio amargo
- 1 xícara (147 g) de amendoins torrados ou amêndoas grosseiramente picadas
- 1 xícara (160 g) de frutas vermelhas desidratadas ou uvas-passas, ou ambas

Preaqueça o forno a 150 °C. Separe uma assadeira grande.

Em uma tigela grande, junte o maple syrup, o xarope de arroz, o açúcar orgânico, a manteiga de amêndoas, a baunilha, o óleo, o sal e as especiarias. Mexa até incorporar. Adicione a aveia e o gérmen de trigo. Misture bem.

Espalhe a granola por igual sobre a assadeira: a massa estará bem grudenta nesta etapa, por isso deverá ser separada em porções grandes para assar de modo uniforme, e não como uma peça inteira. Leve ao forno por 24 minutos, mas retire na metade do tempo para virar a granola com uma espátula; tenha cuidado para não quebrar as porções. Finalizado esse tempo, continue assando, mas retire de 4 em 4 minutos para verificar o ponto: a massa deve estar levemente dourada e em grande parte seca: um pouco de umidade é desejável. Deixe esfriar na assadeira. A granola vai ganhar uma textura crocante enquanto esfria. Deixe esfriar por completo antes de adicionar o chocolate, o amendoim e as frutas vermelhas.

Sirva e guarde as sobras em um recipiente hermético, em temperatura ambiente ou na geladeira, por até 2 semanas.

**DICAS**

- Você pode substituir a manteiga de amêndoas por creme de nozes ou de outras sementes de sua preferência e trocar os complementos também.
- Se 1,4 kg de mix de granola parece muito para você ter em casa, é fácil reduzir esta receita pela metade.

PREPARE ANTES

# COPINHOS DE BROWNIE COM NOZES

Estes docinhos já seriam maravilhosos com uma base simples de chocolate, mas demos um passo adiante e colocamos o recheio sobre uma base de brownie. Você vai concordar que foi uma ideia brilhante quando tiver nas mãos (e na boca) esta delícia macia e tão saborosa!

**Rende 34 copinhos**

**Para os brownies:**

- Óleo em spray para untar
- 113 g de chocolate vegano, picado
- 3 colheres (sopa) (42 g) de óleo de coco solidificado
- ½ xícara (120 g) de tofu macio ou iogurte vegano puro
- 1 xícara (200 g) (não muito cheia) de açúcar mascavo claro
- ½ colher (chá) de sal marinho fino
- 2 colheres (chá) de extrato de baunilha
- 1¼ xícara (150 g) de farinha de trigo integral

**Para o recheio:**

- ¾ de xícara (192 g) de manteiga de amêndoas ou creme de amendoim, em temperatura ambiente
- 3 colheres (sopa) (23 g) de açúcar de confeiteiro
- Uma pitada de sal marinho fino
- 57 g de chocolate vegano bem picado
- Amêndoas moídas para polvilhar

**Para fazer os brownies:** Preaqueça o forno a 180 °C. Unte com o óleo em spray 34 cavidades de duas fôrmas para minimuffins.

Coloque o chocolate e o óleo de coco em uma tigela para micro-ondas e aqueça em intervalos de 1 minuto, até o chocolate derreter e ficar homogêneo. Ou, se preferir, derreta o chocolate e o óleo em banho-maria (veja p. 134).

Em uma tigela média, misture o chocolate derretido com o tofu, o açúcar mascavo, o sal e a baunilha. Peneire a farinha por cima e misture bem. Coloque cerca de 2½ colheres (chá) da massa de brownie em cada cavidade das fôrmas, preenchendo até ⅔ de cada unidade.

Asse por 12 minutos. Os brownies vão ficar um pouco úmidos e murchar ligeiramente no centro enquanto esfriam, mas isso criará o espaço ideal para o recheio. Se os brownies não afundarem em alguns minutos, use as costas de uma colher pequena para fazer isso. Deixe esfriar nas fôrmas sobre uma grade e depois leve à geladeira por 45 minutos. Enquanto isso, prepare o recheio.

**Para fazer o recheio:** Misture a manteiga de amêndoas com o açúcar e o sal em uma tigela pequena. Se a manteiga de amêndoas for do tipo mais fino, adicione um pouco mais de açúcar para engrossar. Reserve.

Desenforme os brownies gelados e preencha cada um com 1 colher (chá) de recheio. Polvilhe com o chocolate picado e as amêndoas, pressionando levemente.

Sirva gelado. As sobras podem ser guardadas em recipiente hermético na geladeira por até 1 semana.

MASON

PREPARE ANTES

# FLORESTA NEGRA NO POTE

Ok, você nos pegou em uma contradição: esta sobremesa vem em um pote e precisa de uma colher. Mas, por outro lado, cabe na mão e é bem fácil de servir! Algo nos diz que seremos perdoadas assim que você provar...

**Rende 6 potes**

- Óleo em spray para untar
- ½ xícara (120 ml) de leite vegano
- ½ xícara (96 g) de caldo de cana evaporado (veja o Glossário, p. 11)
- 2 colheres (sopa) (30 ml) de óleo vegetal
- ½ colher (chá) de extrato de baunilha
- ½ colher (chá) de extrato de amêndoas
- ¼ de colher (chá) de sal marinho fino
- ¾ de xícara (90 g) de farinha de trigo integral
- ¼ de xícara (20 g) de cacau em pó não adoçado
- 1 colher (chá) de fermento em pó
- ½ colher (chá) de amido de milho
- 2 colheres (chá) de licor de cereja Kirsh (opcional)
- 1¼ xícara (295 ml) de chá black cherry, feito com 2 saquinhos, gelado
- ¼ de xícara e mais 2 colheres (sopa) (120 g) de geleia de cereja ou cerejas ao marasquino veganas picadas
- 1½ xícara e mais 3 colheres (sopa) (270 g) de Creme Chantili de Coco (p. 163)
- 2 colheres (sopa) (17 g) de chocolate vegano ralado

Preaqueça o forno a 180 °C. Unte com o óleo em spray 18 cavidades de duas fôrmas para muffins.

Junte o leite, o caldo de cana evaporado, o óleo, a baunilha, a metade do extrato de amêndoas e o sal em uma tigela grande. Peneire a farinha, o cacau, o fermento e o amido de milho por cima. Com uma batedeira, misture até ficar homogêneo. Coloque 1 colher (sopa) generosa (18 g) de massa em cada cavidade das fôrmas preparadas.

Asse por 6 a 8 minutos, até a superfície estar maleável ao toque. Deixe o forno ligado. Remova cuidadosamente os bolinhos da fôrma. Deixe esfriar por 5 minutos.

Coloque os bolinhos em uma assadeira rasa forrada com papel-manteiga e asse por mais 10 minutos; isso vai prepará-los para a imersão no chá. Retire e deixe esfriar em uma grade.

Separe 6 potes com capacidade para 235 ml e diâmetro de cerca de 6 cm (ou o mesmo das cavidades das fôrmas), de modo que os bolinhos se encaixem com facilidade.

Em uma tigela, misture o chá com o licor de cereja (se usar) e a metade restante do extrato de amêndoas. Mergulhe completamente cada bolinho frio na mistura de chá por cerca de 10 segundos; retire e deixe o excesso de líquido escorrer de volta na tigela.

Coloque um bolinho umedecido no fundo de um pote e cubra com 1½ colher (chá) de geleia seguida por 1½ colher (sopa) (15 g) do chantili de coco. Adicione outro bolinho por cima e cubra com a mesma quantidade de geleia e chantili. Acrescente mais um bolinho e cubra com chantili. Para finalizar, polvilhe com 1 colher (chá) de chocolate ralado. Repita com os potes restantes. Tampe e deixe na geladeira de um dia para o outro, para os sabores se incorporarem.

Sirva gelado, em até 2 dias após o preparo. Você também pode congelar os potes por até 3 meses, descongelando-os na geladeira durante uma noite antes de servir.

PREPARE ANTES

# MINICUPCAKES DE AVELÃS

Você se lembra dos famosos (porém não veganos) bombons de chocolate ao leite com avelã? Dizem que estes bolinhos delicados, que a gente come com as mãos, são muito parecidos. Mas se você não gosta muito de avelãs, pode usar amêndoas. Também descobrimos que, quanto mais tempo eles descansam, mais saborosos ficam, por isso não tenha receio de prepará-los um dia antes. Mas lembre-se de acrescentar a cobertura apenas na hora de servir.

**Rende 42 minicupcakes**

- ½ xícara e mais 2 colheres (sopa) (150 g) de iogurte vegano puro ou de baunilha
- ¾ de xícara (144 g) de caldo de cana evaporado (veja o Glossário, p. 11)
- ¼ de xícara (60 ml) de leite vegano puro ou de baunilha
- ¼ de xícara (60 ml) de óleo vegetal
- ½ colher (chá) de sal marinho fino
- 1 colher (chá) de extrato de baunilha
- 1 xícara (120 g) de farinha de trigo integral
- 1 xícara (120 g) de avelãs ou amêndoas sem pele, inteiras (não descascadas)
- 2 colheres (chá) (16 g) de amido de milho
- 1½ colher (chá) de fermento em pó
- ½ colher (chá) de bicarbonato de sódio
- ½ xícara (88 g) de chocolate vegano picado
- 1 recheio de creme da receita Delícia em Dobro de Morangos com Chocolate (p. 134)
- 6 Bombons com Caramelo e Nozes (p. 141), bem picados (opcional)

Preaqueça o forno a 180 °C. Forre as cavidades de duas fôrmas para 24 minimuffins com forminhas de papel.

Em uma tigela média, junte o iogurte, o caldo de cana evaporado, o leite, o óleo, o sal e a baunilha.

Em um processador, misture a farinha e as avelãs; bata até que as avelãs fiquem finamente moídas. Passe para uma tigela grande e acrescente o amido de milho, o fermento e o bicarbonato de sódio. Misture os ingredientes líquidos aos secos e incorpore delicadamente o chocolate picado.

Divida a massa entre as forminhas de papel, cerca de 2½ colheres (chá) em cada uma, enchendo até ⅔ da capacidade. Não encha demais as forminhas. Leve ao forno por 18 a 22 minutos, ou até que a superfície fique levemente dourada e maleável ao toque.

Retire da fôrma e deixe esfriar completamente em uma grade. Achamos que estes bolinhos ficam perfeitos algumas horas após o preparo, ou mesmo no dia seguinte. Guarde em recipiente hermético, em temperatura ambiente, até servir.

Espalhe ou insira uma pequena quantidade de creme em cada cupcake e polvilhe um pouco dos bombons picados pouco antes de servir.

**DICA**

Se preferir uma cobertura mais generosa, prepare 1½ receita do recheio de creme.

# MINICUPCAKES DE PASSAS AO RUM

Tomara que você ainda não tenha se cansado da revolução de cupcakes veganos (imagine nosso olhar de incredulidade, se estiver), porque simplesmente não poderíamos deixar de incluir algumas receitas de minicupcake para completar o capítulo de sobremesas deste livro de petiscos.

**Rende 40 minicupcakes**

**Para os bolinhos:**

½ xícara (80 g) de uvas-passas
½ xícara (120 ml) de rum escuro
½ xícara (120 ml) de leite vegano
¼ de xícara (60 ml) de óleo vegetal
½ xícara e mais 2 colheres (sopa) (120 g) de açúcar orgânico
1½ colher (chá) de extrato de baunilha
2 xícaras (240 g) de farinha de trigo integral
1 colher (chá) de fermento em pó
1 colher (chá) de bicarbonato de sódio
1 colher (chá) de noz-moscada em pó
½ colher (chá) de sal marinho fino

**Para o glacê:**

6 colheres (sopa) (84 g) de manteiga vegana, em temperatura ambiente
6 colheres (sopa) (78 g) de gordura vegetal
2¼ xícaras (270 g) de açúcar de confeiteiro
½ colher (chá) de extrato de baunilha
¼ de colher (chá) de canela em pó
Uma pitada de sal marinho fino

**DICA**

Você pode usar a mesma quantidade de manteiga vegana se não tiver gordura vegetal disponível. O glacê ficará mais mole, por isso deve ser levado à geladeira e usado para decorar os cupcakes na hora de servir.

**Para fazer os cupcakes:** Junte as passas e o rum em uma panela pequena ou tigela para micro-ondas. Assim que ferver, retire do fogo. Se usar um micro-ondas, aqueça por 30 segundos e retire. Deixe descansar por 10 minutos para que as passas inchem. Reserve até esfriar.

Preaqueça o forno a 170 °C. Forre 40 cavidades de duas fôrmas para minimuffins com forminhas de papel.

Junte o rum e as passas, o leite, o óleo, o açúcar orgânico e a baunilha em uma tigela grande.

Peneire a farinha, o fermento, o bicarbonato, a noz-moscada e o sal em uma tigela média. Junte aos ingredientes líquidos e mexa até misturar.

Despeje a massa em cada forminha de papel preenchendo até ⅔ da capacidade. Asse por 12 a 14 minutos, ou até que um palito inserido no centro dos bolinhos saia limpo.

Coloque os cupcakes em uma grade para esfriar antes de colocar a cobertura.

**Para fazer o glacê:** Bata a manteiga e a gordura vegetal em uma batedeira. Lentamente, adicione o açúcar e bata até misturar. Junte o extrato de baunilha, a canela e o sal. Continue batendo até ficar aerado, por cerca de 2 minutos.

Espalhe ou insira uma pequena quantidade de glacê em cada cupcake. Guarde o que sobrar dos bolinhos (sem o glacê, de preferência) em recipiente hermético, em temperatura ambiente, por até 2 dias. E conserve a cobertura em um recipiente hermético na geladeira, por até 2 dias. Deixe amolecer em temperatura ambiente para decorar os cupcakes antes de servir.

# Sugestões de menu

Nosso presente de despedida para você: uma lista de ideias de como montar um menu que servirá de inspiração para criar comidinhas atrativas tanto para degustar a sós quanto com seus convidados. Aqui há petiscos para todos!

**Caldeirão americano**
Patê de Couve-Flor com Chips, p. 17
Seitan Recheado com Chucrute, p. 59
Espetinhos de Tempeh com Jerk Jamaicano, p. 69
Pasteizinhos Chineses, p. 71
Focaccia de Aspargos, p. 112

**Uma noite elegante**
Castanhas Enroladas em "Bacon", p. 38
Alcachofras no Vapor com Molho de Alcaparras Magnífico, p. 48
Tortinhas de Tomate, p. 82
Palitos de Polenta com Molho de Abacate, p. 86
Tostex de Cogumelos, p. 113
Canapés de Figo e Nozes, p. 121

**Festa asiática**
Ervilhas-Tortas Glaceadas, p. 50
Embutidos de Kimchi, p. 60
Rolinhos à Moda Tailandesa, p. 88
Rolinhos de Arroz de Sushi e Tempeh, p. 90
Rolinhos Chineses Sem Ovos, p. 93

**Favoritos para o café da manhã**
Tortinhas de Brócolis, p. 72
Tostex Picantes, p. 114
Pasteizinhos de Nozes-Pecãs, p. 150

**Festa mexicana**
Salada Rastafári, p. 16
Pimentas Jalapeñas Assadas, p. 36
Taquitos de Lentilhas, p. 77
Cestinhas de Taco com Feijão-Preto, p. 79
Bolinhos de Salsa Mexicana, p. 101

**Festa da nostalgia**
Chips Arco-Íris, p. 24
Pufes de Batata com Tapenade, p. 43
Couve-de-Bruxelas com Cebolas Crocantes, p. 53
Campeão de Audiência, p. 57
Conchas Recheadas de Tofu, p. 85
Canapés de Guacamole e Cogumelo, p. 118
Sloppy Joe Agridoce, p. 125

**Festa fácil**
Aperitivos de Grão-de-Bico, p. 21
Azeitonas de Festa, p. 22
Cogumelos Marinados, p. 26
Palitos de Aipo Orgânico, p. 32
Couve-Flor com Tahine, p. 49
Amêndoas com Chipotle, p. 58

**Noite de jogos**
Ratatouille Quatro Estações, p. 18
Barquinhas de Batata à Moda Nacho, pp. 44 e 58
Cubos de Tofu Picantes e Molho Dip Rancheiro, pp. 63 e 57
Rodelas de Polenta, p. 64
Barrinhas Marroquinas, p. 65

**Noite de filmes**
Bolinhos de Milho com Molho de Tomate e Tomilho, p. 47
Tortinhas de Brócolis, p. 72
Tortinhas de Homus de Pimentão, p. 80
Sambusas, p. 94
Brusquetta de Cogumelo e Raiz-Forte, p. 117

**Noite de verão**
Copinhos de Abobrinha Recheados, p. 30
Barquinhas de Pimentão Baby, p. 33
Copinhos de Pepino e Couve Kale, p. 34
Sanduíche de Pepino e Gergelim, p. 40
Picolés de Gengibre e Manga, p. 128
Picolés Cremosos, p. 130

**Happy hour internacional**
Vagens Indianas, p. 49
Wraps de Alface Banh Mi, p. 70
Faláfel com Molho Picante de Tahine, p. 75
Minitacos de Jaca Verde, p. 76
Rolinhos de Vegetais, p. 92
Pit-za com Muhammara, p. 126

**Petiscos para longas caminhadas** (*servir com frutas frescas e garrafas de água gelada*)
Amêndoas com Chipotle, p. 58
Biscoitos Verdes, p. 99
Bocados de Goji Berries e Cacau, p. 151
Mix de Granola, p. 153

**Festa Mediterrânea**
Cogumelos à Moda Mediterrânea, p. 28
Almôndegas Mediterrâneas Sem Carne, p. 66
Scones de Tomate Seco, p. 102
Pão de Pesto, p. 107
Grissinis, p. 108
Enroladinhos de Espinafre e Marinara Fácil, pp. 111 e 16
Canapés de Berinjela, p. 122

**Romance no ar**
Canoas de Endívia com Lentilhas, p. 29
Torre de Batatas, p. 39
Aspargos com Cogumelos, p. 54
Tortinhas Cremosas de Alho-Poró, p. 81
Scones de Limão e Erva-Doce, p. 105
Tortinhas de Creme de Baunilha, p. 143

**Noite com amigos!**
Homus de Grão-de-Bico Defumado, p. 20
Chutney de Maçã e Cebola Roxa, p. 56
Pasta de Berinjela Assada, p. 96
Biscoitos de Quatro Grãos, p. 97
Pão do Monstro Verde, p. 106

**Chá de bebê**
Tortinhas com Creme de Amendoim e Geleia, p. 144
Copinhos de Brownie com Nozes, p. 154
Floresta Negra no Pote, p. 157
Minicupcakes de Avelãs, p. 158
Minicupcakes de Passas ao Rum, p. 161
Minicupcakes de Limão, p. 162

**Para amantes de doces**
Pipoca Caramelada com Tahine, p. 135
Nozes Carameladas com Canela, p. 137
Bombons Buckeyes, p. 138
Trufas de Chocolate e Cerveja, p. 140
Bombons com Caramelo e Nozes, p. 141

**Mesa de biscoitos** (*servir com uma variedade de leites veganos em copos tipo shot*)
Cookies com Gotas de Chocolate, p. 145
Biscoitos Linzer de Figo, p. 146
Biscoitos Snickerdoodles, p. 147
Meias-Luas de Amêndoas, p. 149

**Mesa de frutas**
Nachos Doces, p. 131
Bananas Caramelizadas com Molho de Chocolate e Pimenta, p. 133
Delícia em Dobro de Morangos com Chocolate, p. 134
Espetinho de Frutas com Bolo de Chocolate, p. 163

# Agradecimentos

Nossos sinceros agradecimentos a Amanda Waddell, Heather Godin, Betsy Gammons, Karen Levy, Kathy Dragolich, bem como a Robert Lesser por sua experiência e por transformar um simples documento do Word em um livro de receitas tangível. (E lindo!)

Nossa equipe de provadores "melhores do que sorvete vegano", que ajudou a tornar estas receitas ainda mais incrivelmente infalíveis: Courtney Blair, Monika Soria Caruso, Kelly e Mac Cavalier, Michelle Cavigliano, Megan Clarke, Shannon Davis, Dorian Farrow, Lisa Miller, Monique e Michel Narbel-Gimzia, Constanze Reichardt, Sara Rose, Stephanie Bly Sulzman e Vegan Aide.

Celine diz: "Obrigada, obrigada!" para Chaz, Mamou e Papou. Muita gratidão à Tami por ser minha parceira e amiga, além de escritora renomada.

Tami agradece à família e aos amigos, sempre dispostos a experimentar suas receitas, especialmente a Jim, cujo *feedback* é o melhor (assim como sua técnica de lavar pratos) e, claro, à Celine, por outro livro divertido.

# Sobre as autoras

**Celine Steen** é o coautora de vários livros de culinária vegana. Além de desenvolver suas próprias receitas, ela já fotografou as de outros autores veganos, como Joni Marie Newman e Natalie Slater.

**Tami Noyes** é autora e coautora de outros livros, também veganos. Ela vive, cozinha e escreve blogs em sua casa, com seus três gatinhos, em Ohio. Além do seu blog, Tami contribui para vários sites veganos.

## D



## E



## F

## G



## H



## I



## L



## M

## T

# U



# V



# W



# X